コロナ禍の経営者を守る

"殖やす"資産運用のはじめ方

株式会社クオリティライフ 代表
ファイナンシャルプランナー CFP®
能登 清文 著

まえがき

本書執筆時の2020年夏は、日本中が活気づく「東京オリンピックの年」になり、経済もかつてない好景気にわくはずでした。

それがまさか「コロナ禍の年」として世界史に刻まれる大不況のきっかけになるとは、一体誰が想像したでしょうか。

中国の武漢で突如発生した新型コロナウィルス感染症は、またたく間に世界中に広がり、世界を一変させてしまいました。

欧州、アメリカといった先進国でパンデミックが起き、医療崩壊により多くの命が失われました。

また、都市封鎖(ロックダウン)により人々の移動や接触は厳しく制限されました。日本でも緊急事態宣言が発令され、外出自粛、県外への移動も自粛、学校は休校、企業は在宅勤務となり、町からは人が消えました。

コロナ禍による経済的な影響は、まず旅行・観光・交通関連に始まり、飲食からB2C（対消費者）産業全体に広がり、ほぼ全ての業界に及びました。

日本政府も、中小企業の苦境を救うため、新型コロナ感染症対策の緊急融資を決定しましたが、融資の申し込みが殺到し、金融機関の窓口はパンク状態。「緊急」といいながらも2か月、3か月待ちもザラという状況でした。

さらに、経営状況や既存の借り入れ状況により、実際には融資を受けることができなかった企業も少なくありません。


私は、和の心を愛する人生100年時代のお金の専門家、ファイナンシャルプランナーとして、経営者の方々を中心とした、多くのお客様に保険や資産運用等、ライフプランのアドバイスをしております。

また、滋賀県倫理法人会（元滋賀県会長）、滋賀県中小企業家同友会などに所属し、地元滋賀で地域を活性化させる活動にも尽力しております。

そんな私のもとに、春先から多くのお客様からの切実なご相談が寄せられています。

「能登さん、店が開けられず売上がゼロです。当座の運営資金をどうしましょう」
「今月の資金繰りで、親の代からの会社を潰すことになるかもしれない」
「いまは大丈夫だけど、この先を考えるととても経営を続けられない」

そんなギリギリの状態のお客様を救ったのは、これまでかけて頂いていた保険でした。終身保険を解約して返戻金を当座の資金繰りに充て、保険部分は掛け捨て型の保険に入る、または契約者貸し付けを利用する、払済にする・・・あらゆる手法を駆使することで、当座のまとまった資金をすぐに用立てることができたのです。

日本では奇跡的にパンデミックを回避でき、まだ完全ではないものの、人々の経済活動はほぼ自粛前の状況に戻っています。（2020年8月現在）

会社は倒産さえしなければ、努力次第で経営を立て直すこともできます。保険は病気や死亡など「いざという時」に備えるものですが、経済的なピンチへの備えにもなるのだということを、改めて実感しました。

とはいえ、まだ安心するわけにはいきません。コロナは第二波、第三波の到来も予測され、まだまだ予断を許さない状況です。

国際通貨基金（ＩＭＦ）によると、コロナ禍による世界の経済損失は、２０２０年から２０２１年の２年間で１３００兆円強に及ぶと試算されています。

ちなみにリーマンショックによる世界経済の損失はＧＤＰベースで２１０兆円超ですから、コロナが世界経済に与えるダメージがいかに大きいかがわかります。

日本においては、57・５兆円という膨大な補正予算が組まれましたが、この補正予算の財源は赤字国債です。日本の累積赤字を考えると、危機的な状況であると危惧せざるをえません。

本書では、コロナ禍の経営者を守る〝殖やす〟資産運用、資産形成について、はじめての経営者の方にもわかりやすく解説していきます。

あえて〝殖やす〟といれたのは、コロナ禍をきっかけに日本経済への懸念が強まり、円の暴落やインフレ、場合によってはハイパーインフレが起こる可能性も否定できないためです。

日本人の資産の多くは、日本円の預貯金という形になっています。これは、超低金利の円通貨を一点買いしているのと同じです。本書では、債券、ドル資産、保険、投資信託の「4つの手法」に分散することで、資産を守りながらインフレに負けないよう〝殖やす〟資産運用のご提案をしています。分散投資は投資の鉄則です。

コロナ禍は、これまでの日常や経済活動がいかに不確定で脆いものであるか、改めて気付かせてくれました。しかしどのような状態になっても、経営者たるもの、愛する家族、従業員、お客様、会社を守りぬかなければいけません。

私自身も一経営者としてその決意を新たに、4作目となる新著の執筆をいたしました。

この本が、コロナ禍に立ち向かう経営者の皆様の活力となり、新たな経営方針の道標となれば幸いです。

能登 清文

◆目次

序章　経営者はコロナ禍をいかに乗り越えるか？

1章 コロナ禍の経営者を守る!　"殖やす"4つの資産運用

2章 手堅い「債券」投資　～国債、社債～

コラム

3章 注目の「ドル建て」で資産を殖やす

4章 「生命保険」の見直しで支出を減らす

5章 「円建て」の最終兵器　～日本一の投資信託～

6章 揺るがない経営を目指す、資産の築き方とは？ ～コロナ禍でも盤石不動の資産家経営者と、四苦八苦する赤字経営者～

7章 お金を引き寄せる人になるためには

コラム

序章

経営者はコロナ禍をいかに乗り越えるか？

２０２０年、世界を混乱と恐怖に陥れたコロナ禍の発生

２０２０年、中国の武漢で発生したコロナウイルスは、あっという間に世界中に蔓延、特にアメリカや欧州諸国で多くの感染者を出し、ロックダウンを発令する国や都市が相次ぎました。

ペストやスペイン風邪など、世界的に猛威を振るった恐ろしい感染症の歴史は知識としては知っていても、それはあくまでも医療や科学が発達していない、遠い昔の話です。

まさか医療技術と科学の発展した現代においてこのような事態が起こるとは、一体誰が想像できたでしょうか。

日本でも4月7日、新型コロナウイルス感染症緊急事態宣言が発令され、２０２０年夏に開催が予定されていた東京オリンピックも延期が決定。それまでインバウンド

景気で沸いていた観光・旅行・宿泊・航空業などをはじめ、飲食、イベント、学校、小売り、服飾、不動産など、あらゆる業界・業種が深刻なダメージを受けました。

私はこれまで、地元滋賀で倫理法人会の活動などを通じて、経営者の皆さんと経営努力について論じあい、地域活性化のために地道な活動を行い、それなりに成果をあげてきました。

しかし世界的なウイルスの猛威の前では、今までの努力など全く無力です。電車は動いていたものの、車内はガラガラ。緊急事態宣言が発令され、ステイホームで町からは人が消え、お店も休業要請で開けられないとなると、経営努力のしようがありません。

また、これまでは対面での直接のふれあいや絆、笑顔というものを大切にして生きてきましたが、コロナ禍では感染防止のためにマスク着用、対面よりもネットや電話中心に切り替えざるを得ず、仕方がないとはいえ、味気ない思いでした。

いつまで続くのか全く先が見えない状況の中で、私はお客様のご相談対応に追われました。

非常時こそ保険を活かし運転資金を確保

幸いなことに私のお客様の中には、新型コロナ感染症に罹患された方はいませんでした。お客様の多くが経営者なので、コロナ禍による直接的な健康被害よりも、外出自粛や休業要請による経済的なダメージの方がずっと大きかったのです。

お金はよく血液に例えられます。企業というものは、売り上げが落ちていてもお金さえ回っていれば苦境を乗り切ることができます。しかし、一時的にでもお金の流れが止まると、あちこちが不具合を起こして倒れてしまうのです。

今回のコロナ禍を受けて、政府も持続化給付金やコロナ融資など、多くの緊急措置を講じました。しかし、想定外の状況下、多くの経営者が融資を申請したため、自治体のコロナ融資を認定する部署をはじめ、政策金融公庫や金融機関もパンク状態で融資の申請から実行まで2～3か月かかるケースも珍しくなく、とても「緊急」対応ができているとは言い難い状況でした。

私がご相談を受けたお客様の場合、生命保険を解約して数千万～1億円位の返戻金を当面の資金繰りに当て、保険部分は定期保険（掛け捨て）に切り替えて対応させていただくというケースが増えました。

非常時にすぐにお金が用意できるのも、今まで生命保険でコツコツ備えてきた成果です。保険はうまく使えば、病気や死亡だけではなく経済的な危機をも救うことができるのです。

ただし、当然ですが加入時期や条件によっては、払込額 ＞ 返戻金となるケースもあります。私のお客様の場合は高金利のドル建てで運用している方が多いので、返戻金の損失は最小限に抑えられたと思います。健康上の理由などで今の保険を解約したくない場合は、払込金からの借り入れや、払済にするという手もありますので、ぜひ一度ご相談ください。

なお、掛け捨ての保険は昔よりもかなり保険料が安くなっています。保険会社や非喫煙者割引など、所定の条件によっても変わるのですが、同じ保障内容でも半額くらいになるケースもあります。

保険料比較（定期保険　1億円、期間10年、男性45歳）　2020年8月時点

保険会社	年払保険料
A 社	¥500,200
A 社（非喫煙優良体）	¥260,400
B社	¥332,500
B社（非喫煙優良体）	¥221,000
C社	¥423,800
D社	¥434,200

今回のような非常時において一番大切なのは、お客様個々人の事情に寄り添い、親身になって適切なアドバイスをしてくれる専門家がいるかどうかです。せっかく保険や資産を持っていても、いざという時に適切に活かせなくては意味がありません。

また、今までのやり方に固執せず、臨機応変にお客様の最大利益を考えるべきです。私はこれまでしつこいくらいに終身保険や長期の積み立てをお勧めしてきました。しかしそれは平時の話であり、現在のような非常時においては、なるべくリスクを回避し、資産を守る方法を考えるべきです。

この場合の資産を守るとは、単に「現状維持」ということではありません。円の暴

落、ハイパーインフレの発生といったケースに備え、現在価値を守る、つまり少なくともインフレに負けないレベルで「殖やす」必要があるのです。

奇跡的に感染爆発を回避した日本

幸い、日本では感染爆発を未然に回避でき、緊急事態宣言は5月25日に解除されました。ＰＣＲ検査数も少なくロックダウンも実施していないのに、なぜ日本だけがこんなに感染率と死亡者数を抑制できたのでしょう。「日本の奇跡」「ジャパン・パラドックス」とも呼ばれ、様々な推察がされています。

ウイルスの毒性が欧米型に比べて弱かった、アジア人の免疫力の問題、ＢＣＧ接種の効果、衛生環境の良さや日本の生活習慣など・・・現時点ではどれが正解かはわかりませんが、私は日本人の特性がコロナをはねのけたのだと信じています。

左図は、人口比でみた国別のコロナウイルスによる死者数と、活動制限の強さの関

日本の人口比の死者数は欧米に比べて少ない
—活動制限と死者数の関係—

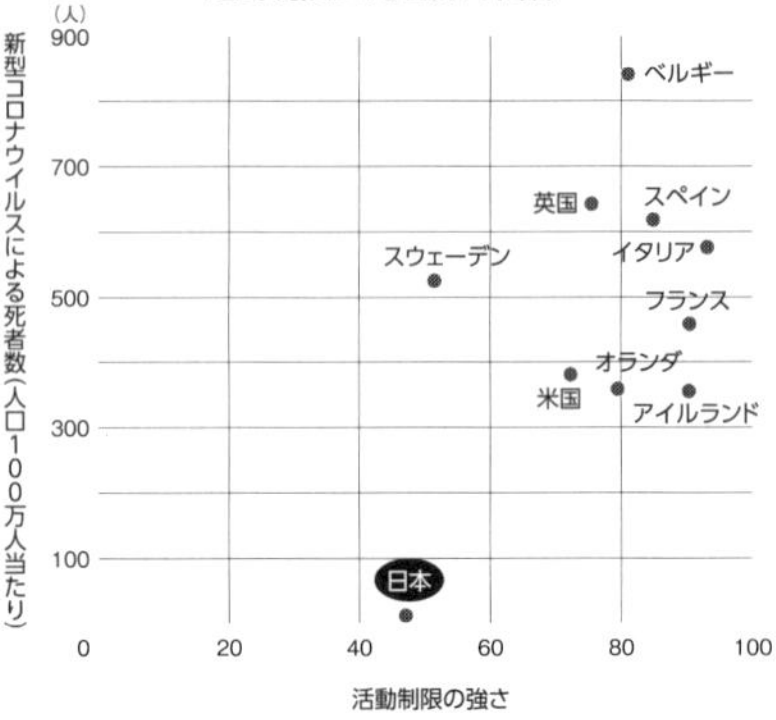

（注）6月28日時点のデータ。以下の条件を満たす国のみ抽出
①人口が100万人以上
②1人当たりGDPが1万ドル以上
③死亡率が100万人当たり1人以上
（資料）『週刊東洋経済7月18日号』より

係を示したグラフになります。

活動制限が緩かったにも関わらず、日本人は国民一人一人がしっかり活動を自粛しました。つまり罰則がなくてもルールを守る日本人の道徳観の強さや真面目さ、他者を思いやる優しさなどが、この結果を生んだのだと思います。

コロナ禍がもたらした新しい生活習慣

コロナ禍は間違いなく歴史に残る大災厄ですが、良くも悪くもこれまでの生活習慣を大きく変えました。良い影響としてあげられるのは、政府がいくら旗を振っても遅々として進まなかった「働き方改革」が半ば強制的に推進され、テレワークやオンライン会議、オンライン授業が普及したことでしょう。

日常生活においてもＵｂｅｒなどの宅配デリバリーサービスやネット通販の利用などが急速に普及、キャッシュレス化も進み、極論を言えば携帯さえあれば生活できる状況になりました。


テレワークで仕事が回るのであれば、企業はコストのかかる大規模なオフィスや会議室を維持する必要はなくなります。雇用の形態や給与体系も変わってくるでしょう。

また、通勤や通学が不要になる、あるいはその頻度が大幅に下がれば、都心や駅近といった従来の価値観とは違う基準での住まい選びがなされるようになります。自然環境の良さや子供の教育、あるいは実家の近くなど、個々人のライフスタイルや価値観に合った生活が可能になり、家賃や交通費のコストが下がり、余裕時間が捻出できるというメリットもあるでしょう。

実際、今回のコロナ禍をきっかけに地方移住やデュアルライフ（二拠点生活）に注目が集まっています。ステイホームでZOOM飲み会などが定着し、外で会わなくても人間関係やコミュニティが維持できるとわかったことも、郊外への移動を後押ししているのかもしれません。

少子高齢化が進む日本では、都心部と郊外の居住費格差が大きく、全国的に空き家が増加し問題化していました。今回のコロナ禍をきっかけに人口の偏在が緩和されれば、新たなマーケットやビジネスチャンスも生まれるのではないでしょうか。

アフターコロナの時代、新しい生活様式や価値観にどう対応していくか、業種にかかわらず企業の明暗が分かれることになるでしょう。

予断を許さないコロナの動向

前述のように、日本はコロナ第一波を奇跡的に低い感染率と死亡率でかわすことができました。最近では「コロナは風邪」、「インフルエンザよりも危険性がない」という論調も広がっています。実際、現在のデータを見る限りコロナの死亡率は決して高

新型コロナの死亡リスクは相対的に高くない

死因別にみた死者数（2018年）

（人）

総数			136万2470人
悪性新生物（がん）	373,584	肝疾患	17,275
心疾患	208,221	糖尿病	14,181
老衰	109,605	転倒・転落・墜落	9,645
脳血管疾患	108,186	高血圧性疾患	9,581
肺炎	94,661	窒息	8,876
神経系の疾患	48,249	溺死	8,021
腎不全	26,081	ヘルニア・腸閉塞	7,153
感染症（結核、敗血症、ウイルス性肝炎等）	24,127	交通事故	4,595
認知症	22,551	インフルエンザ	3,325
自殺	20,031	胃潰瘍・十二指腸潰瘍	2,521
大動脈瘤および解離	18,803		

参考：新型コロナウイルス
（～2020年6月28日）死者数 971

（資料）『週刊東洋経済7月18日号』より

くはありません。

このままコロナが収束してくれることを祈るばかりですが、緊急事態宣言解除後、東京の「夜の町」を中心に日本の感染者は増加しています。

新規感染者数が増えたのは、流行防止の観点から「夜の町」の従事者に対して積極的なPCR検査を行ったためだと言われています。感染者の多くが無症状の若者であることから、重症例や死亡者は増加しておらず「第二波には備えるべきだが、経済を止める悪影響の方が大きい」という判断から、再度の緊急事態宣言は発令されない模様です。（2020年8月現在）

しかしウイルスは突然変異を起こすため、いつ強毒化し、第二波、第三波がくるかは誰にもわからない状態です。

ここで、歴史に学ぶという意味で、今からちょうど100年前のスペイン風邪の流行の際の日本での感染者数の推移を見てみましょう（以下、東京都健康安全研究センターHPより一部抜粋引用）。


1918年から1920年に流行したスペイン風邪は、全世界で患者数約6億人、2000万から4000万人が死亡したとされている。

日本でのスペイン風邪の1回目の流行は1918年8月下旬から9月上旬より始まり、10月上旬には全国に蔓延した。流行の拡大は急速で、11月には患者数、死亡者数とも最大に達した。2回目の流行は1919年10月下旬から始まり、1920年1月末が流行のピークと考えられ、いずれの時も大規模流行の期間は概ねピークの前後4週程度であった。

第1回目の流行では、全国民の37・3％がスペイン風邪に罹患したことになる。

インフルエンザ（スペイン風邪）による死亡者数の月別推移

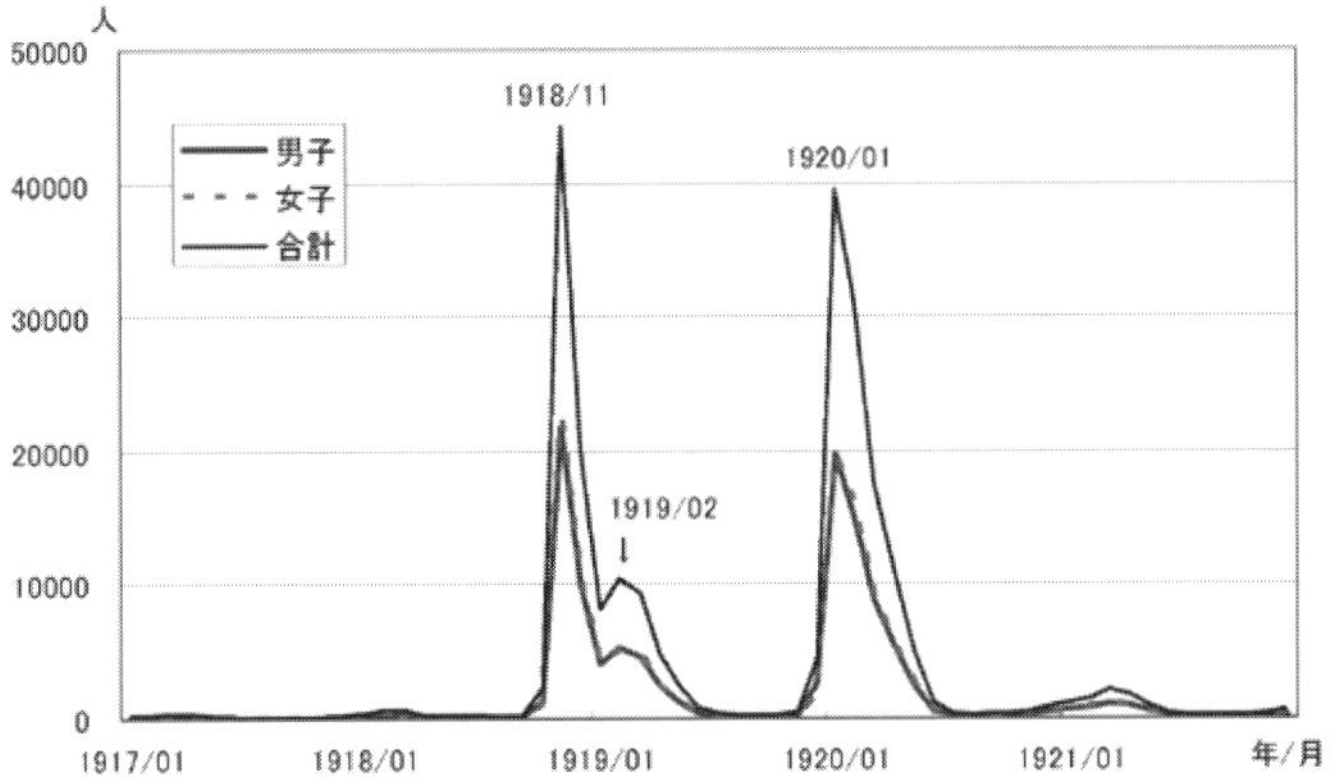

（資料）『東京都健康安全研究センター』より
http://www.tokyo-eiken.go.jp/sage/sage2005/

第2回目は対患者死亡率が第1回目のそれと比して大幅に大きくなっており、流行時期によりウイルスが変異することが往々にして観測されるため、スペイン風邪流行の際にも原因ウイルスが変異し、その結果として死亡率が大幅に増加したものと考えることができる。

スペイン風邪の例に当てはめれば、ちょうど1年後に変異したウイルスによる第二波が来ることになります。しかもより高い死亡率というから厄介です。対ワクチンや特効薬が開発されない限り、まだまだ予断を許さない状況だと言えるでしょう。

なお、日本で一番感染者の多い東京都の累計感染者は1万4022人で、1000人に1人が感染した計算になります。つまり0・1％の感染率にすぎません。

ちなみに、スペイン風邪の第一波では日本人の37・3％が感染、約7万人が死亡しています。同規模の感染が今の日本で起きたら、と思うとぞっとする数字です。

日本の債務超過は既に危機的水準！

今後コロナ第二波が来た場合、日本政府が再び緊急事態宣言や休業要請を出す可能性も十分考えられます。

その場合は経済支援も併せて実施されるでしょうが、経済活動が大幅に縮小すれば国の税収も大幅に減りますので、財源はといえばまた赤字国債を出すか、東日本大震災時の復興特別税のように、コロナ特別税として国民に転嫁するしかありません。

なお、先ごろ実施された国民一人当たり一律10万円の「定額給付金」、この配布にかかった支出は、実に12・8兆円となっています。2019年度の法人税の額は約

10・8兆円なので、皆さんが必死の思いで納めた法人税収を全て使い切ってもまだ足りない額が、国民全体に広く薄く配られたということです。

すでにコロナ第一波の対策だけで第一次・第二次補正予算を合わせて57・5兆円、本年度は90兆円以上の新規国債発行が見込まれていますが、これは日本の税収70兆円を超える金額です。

日本の借金は対外債務ではなく国内債務だから問題ない、という人もいますが果たしてそうでしょうか。バブル崩壊後、30年に渡って単年度赤字を出し続け、毎年赤字国債を発行して自転車操業をしているのが今の日本です。

私の尊敬する資産運用の権威、藤巻健史氏も指摘しておられますが、政府の資金繰りを、自国の中央銀行が紙幣を刷ることで補うことを「財政ファイナンス」といいます。これは金融の世界では御法度です。財政ファイナンスを行うと価値の裏付けのない通貨の流通が増えることになるので、通貨としての信用を失い、いずれハイパーインフレへの道を免れません。

日本の場合は、赤字国債を発行しそれを市場を通じて日銀（中央銀行）が買いとる

急膨張する財政赤字と新規国債発行額
― 一般会計の歳出・歳入状況 ―

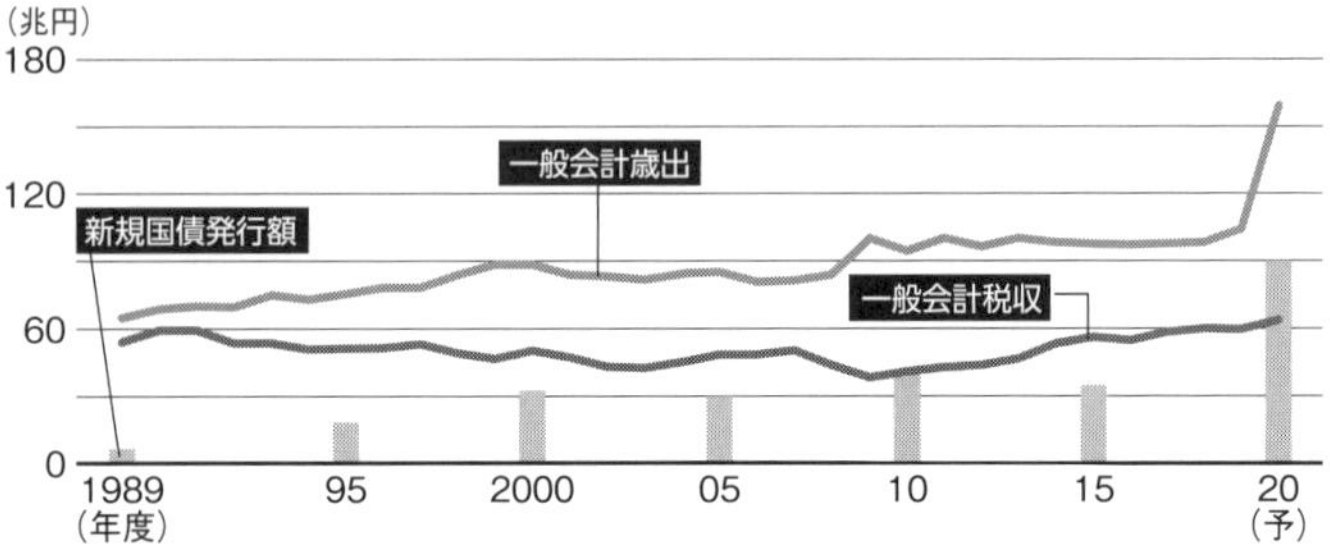

(資料)『週刊東洋経済7月18日号』より
(注) 2020年度は第1～第2次補正予算を含む。税収想定の見直しは織り込まず

形をとっていますが、実質的に財政ファイナンス同然の状況だといえます。しかも、既発国債の50％近くを日銀が購入しているのです。

「量的緩和」という言葉を聞いたことがあると思いますが、これは政策として通貨の流通量を増やすことでインフレ誘導し、デフレを脱却しようとしているのです。なぜインフレ誘導をしたいかといえば、政府の借金を実質的に減らすには、もうこの方法しかないからです。

財政ファイナンスに量的緩和。この2つに加えて、コロナ禍による巨額の補正予算と税収の悪化が、対GDPで世界最悪の債務超過状況にある日本経済に追い打ちをかけるのです。まさかと思いたい気持ちもありますが、ハイパーインフレの可能性はけして否定できません。

手元資金を厚くして危機に備える！

コロナの影響で不景気が顕在化するのはこれからです。自社の売り上げが減るだけでなく、取引先が潰れたり廃業したりというケースも出てくるでしょう。厳しい状況にあっても、生き残りさえすればまた復活することもできます。今はいかに資産を保全し、会社を潰さず生き残るかを考えましょう。

経営者の皆さんにぜひやっていただきたいのは、手元資金を厚くしておくことです。先にご紹介した生命保険の解約もその一案ですが、各種コロナ融資や補助金、給付金などの活用はできているでしょうか。

コロナ融資も一時の混乱状況を脱し、落ち着いてきています。もし所定の条件（前年比売り上げ減少など）を満たすようであれば、日本政策金融公庫や銀行など、できるだけ複数の金融機関から融資を受け、当面の資金を確保しておくことをお勧めします。

経営者の方の中には、「借金はしたくない！」とギリギリまで頑張る方もおられるのですが、コロナ融資であれば無利子の期間や返済猶予もあります。いざという時に大切な家族や従業員を守るためにも、まずは手元資金を確保しておきましょう。何もなければそのまま返済すればいいのです。税理士さんにも相談して、今後の資金繰りについて整理しておきましょう。

1章

コロナ禍の経営者を守る！〝殖やす〟4つの資産運用

リストラ休業危機、お金に働いてもらうとは？

コロナ禍にみまわれ、休業要請や雇用調整、リストラなどで思うように働けない方が増えています。観光・宿泊や飲食、アパレル、理美容業界など、業種によっては深刻な影響が避けられません。こういう時こそ、これまで蓄えた資産を見直して、お金に働いてもらうことを考える必要があります。


ただし、注意点が二つあります。

まず、先行きが不透明な時期なので、長期運用、例えば5~10年の保険運用などには預けず、数日以内に現金化が可能な、流動性が高いものを選択すべきです。

また、株などは突然暴落するといつ値が戻るかわかりませんので、価格変動が少なく、安定的に利息や配当金などを得られるものが良いでしょう。

整理すると、不安定な状況下の資産運用は、以下の2つから選択するということです。

リストラ、休業の危機、お金に働いていただく！

お金に働いていただく注意点は？

- 流動性が高いこと（現金化しやすい）

- 価格変動が少なく安定していること
（株は塩漬けになる可能性あるため✖）

1. 現金化しやすく流動性が高いもの
2. 価格変動が少なく安定した利息を得られるもの

コロナ禍の影響による実体経済の悪化はこれからが本番です。今後収入が減る方、リストラや倒産などで職を失う方も少なくないでしょう。

緊急事態下では、不要不急でない支出や、現状に不相応な支出は停止して出費を減らすことも大事です。

すぐに見直したほうがいいのは、これは個人・法人に関わらず言えるのですが、生命保険です。生命保険には、個人でも毎月

お金の不要な支出はおさえる

- 生命保険の見直し
  （生命保険は流動性が低い）
  （長期間固定のお金になる）

- その他、経費、支出の見直し
  （本当に必要なものか？）

数万円、法人では毎月数十万円～数百万円も支払っています。

なお、私は今まで保険の専門家として、利回りの高いドル建て終身保険をお勧めしてきました。しかし今のように先行きが不透明な時期は、長期運用の商品はいったんストップ、生命保険は解約して返戻金は流動性の高い商品に切り替えておくべきです。もちろん無保険というわけにはいきませんから、保険部分は安い掛け捨てタイプ（定期保険）に入りなおすことをお忘れなく。

スイスのプライベートバンクに学ぶ、資産分散の重要性

資産運用や投資の世界では「卵（資産）は一つの籠に盛るな」という格言があります。これはいつの時代、どんな状況にも通用する投資の大原則です。

私もファイナンシャルプランナーとして、この格言は何度も聞いていますし、スイスの富裕層向けのプライベートバンクの銀行員も全く同じことを言っていました。

スイスの金融機関には、世界の富裕層がお金を預けています。なぜスイスかといえば、戦争が多かった時代に、自分が戦場で死んだら家族のために資産を残したい、そのため永世中立国で戦争をしないスイスの銀行を選んだからです。

その成り立ちから、スイスのプライベートバンクでは資産を「殖やす」というより、顧客の家族のために資産を「守る」ということに主眼を置き、分散投資を徹底しています。

スイスのプライベートバンク内部

顧客は運用方法や預け先を選択できるのですが、日本人の場合は、預貯金の配分が多い＝円通貨を多く所有しているので、それをいくつかの通貨（米ドルや、ユーロ、ポンド、あるいはスイスフランなど）に分散すること、通貨だけでなく、社債や国債、金、不動産などにも分散することを勧められます。プライベートバンクでは社債という債券をかうときにも、様々な業種に分けての購入を提案されます。けして一つには集中させないのです。

確かに、絶対安全だと思われる企業でも、長い目で見るとどうなるかはわかりません。日本でも、日本航空や東京電力株といった安定株の代名詞であった大企業の株が暴落した例があります。長い歴史の中、過去の教訓から学んでいるからこそ「資産保全には分散投資」という方針を継続しているのでしょう。

この写真は私が訪問したスイスの某プライベートバンク内部の写真です。日本の銀行のような看板もなく、普通のビルの中に入っていくと、中にはシックで豪華な応接室があり、他のお客様とは対面しないような構造になっています。

また、スイスのプライベートバンクでは、銀行業務だけでなくあらゆる金融取引を取り扱っています。生命保険、株、債券、金を買うこともできます。

資産を守る＝単に額面を減らさないだけではなく、資産の価値を維持しなくてはなりません。

物価の上昇やインフレから資産価値を守る必要があるため、インフレ率よりも高い利回りでの運用を目指しています。

現在の欧州の状況でいえば、年利で3～5％の利回りが目標です。7～8％くらいの運用も希望すれば可能ですが、やはりハイリターンを望めばその分リスクもあがりますので、基本的には「インフレに負けない」という運用スタイルです。

私自身も、債券、国債、社債の運用では3～5％の利回り目標で行っています。

また、スイスのプライベートバンクでは、顧客とご家族ぐるみで一生涯のお付き合

①資産分散する

お金を一つのところに集中せずいろんなところに振り分ける

「すべての卵をひとつのカゴに盛るな」

投資の世界では、「卵はひとつのカゴに盛るな」という格言があります。
複数の投資対象への投資によって、値動きのブレ幅を抑えることが期待されます。通貨の分散も有効です。

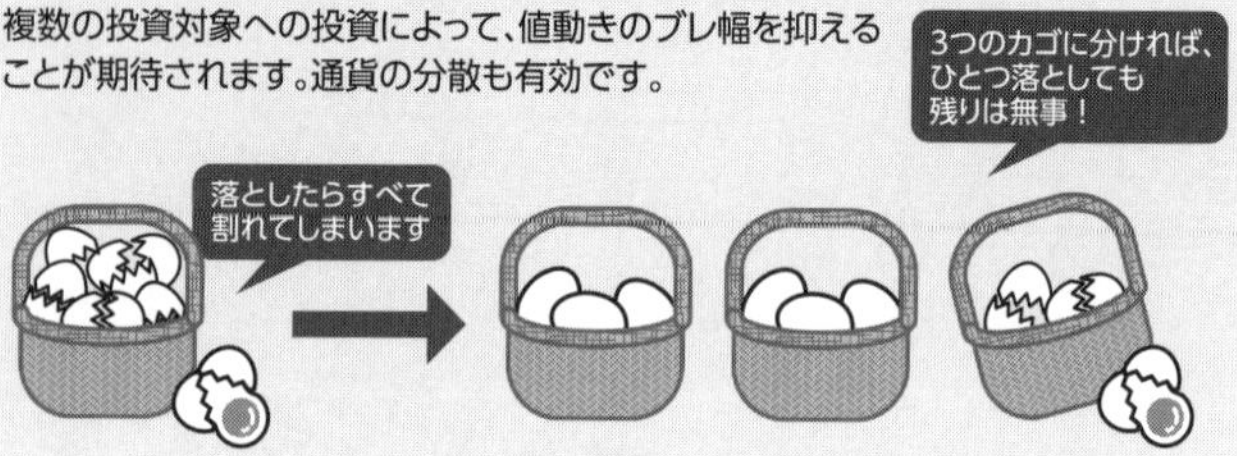

3つのカゴに分ければ、
ひとつ落としても
残りは無事！
落としたらすべて
割れてしまいます

②資産の価値を維持する

お金を物価のインフレから守る
インフレで資産価値が低下しないように
年利回り3～5％の債券で持っておく！

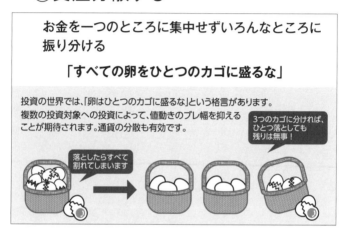

いをされていて、おじいさんの代から息子や孫の世代まで、200年も300年も、代々ご家族のお世話をしているそうです。お子さんの教育についての相談や、家庭教師や学校の斡旋をして、スイスの学校に子供を寄宿させたい場合などには、学校見学もアテンドしてくれるというから驚きです。

私もこのように、お客様とご家族ぐるみで一生涯のおつきあい、お仕事をしていきたいと思っています。

お金を七色に分ける

私は資産を見直すときのポイントとして「お金を七色に分けましょう、そしてそれぞれが輝くようにしましょう」とご説明しています。

お金を法人、個人、目的別に分けて、長期短期、運用目的によって投資先は変わります。今蓄えているお金を七色に分けて、それぞれについて考えてみてください。

ここから、個人の7色、法人の7色についてそれぞれご説明していきます。

個人の七色

①日常生活費

食費、車代、携帯代など日常生活にかかるお金。現金でもちます。

②学費

いますぐに必要な塾代などは別ですが、お子様の将来の学費、例えば大学進学が10年以上先であれば、資産運用をして貯めていく。学費の中でも短期、長期と分けて考えることです。

郵便局の学資保険などは、今は金利が下がっているのでお勧めしていません。

現在私がお勧めしているプランは、万が一のリスクは掛け捨ての生命保険で対応し、積み立ては証券会社の利回り3～5％の商品。保険を使う場合は、ドル建て養老保険という2パターンです。

③住宅費

賃貸で家賃支払いの人、持ち家で住宅ローンの人がいます。

ローンの人は、条件を見直してください。通常は月ごと、年ごとで金利が変動する変動タイプで借りていると思います。これは、今は低金利でいいのですが、今後もし金利が上がってきたときに支払いが増えます。

今はゼロ金利政策下、金利は過去最低水準にありますので、10年、20年先まで低金利を確定できる固定金利をお勧めしています。

これから住宅を建てたい、改修や建て替えの予定があるという方も、高額な出費ですので予算については無理しないよう、良く考えてみましょう。

④老後

現在50代以下の方は、将来の年金はあてにできないものとお考えください。少し前に金融庁の「2千万円問題」が話題になりましたが、自分のライフプランに合わせ、不足分の老後資金を貯める自助努力が必要になります。

なお、60歳以降も働いて稼げる状態を作っておけば、全額を貯めておく必要はありません。たとえば、不動産収入や資産運用の金利で不足分を補ったり、アルバイトをするなど、方法は色々あります。逆に支出の方を削ってもいいわけですから、ライフプランは各自で柔軟に考えればいいのです。

⑤病気、介護

私は基本的には終身医療保険をお勧めしています。自分が病気や要介護になるリスクとその対応については、事前によく考えておく必要があります。年齢が上がるほど保険料は高くなりますし、病気になってからでは加入できる保険の選択肢が減ってしまいます。

別に保険に加入しなくても、その分を現金で用意する方法もありますが、お金を貯めている途中で癌になったりすると大変です。癌の治療にはお金がかかります。特に保険がきかない最新医療による治療を選択した場合は、一回の治療につき3百万円以上かかることも珍しくはありません。

⑥相続

相続税に悩むのは資産家だけではありません。2015年の相続税法の改正により、100人いたら7～8人が相続税を払う時代になりました。また、相続税や資産の多寡にかかわらず、自分の死後、愛する家族が遺産を巡って「争族」になる悲しい結末は避けねばなりません。

あらかじめ相続税対策、遺産配分についての遺言など準備しておくことが大切です。なお私は相続対策としても、受取人とその金額を指定できる終身保険の活用をお勧めしています。

⑦自分自身の夢、趣味

ご自身の夢や趣味のために使うお金です。他を優先して後回しになりがちな部分ですが、七色の一つとして明確化することで自分自身を見つめなおし、より充実した、楽しい人生を送りましょう。

法人の七色

①事業資金

日々の事業資金、つまり原材料仕入れ、機械の維持費、広告などです。

事業資金は、コロナ禍で先行き不透明な状況なので、数か月分の運転資金を早めに借りてでも確保する必要があります。

②教育研修費

教育研修費は、個人的にはカットすべきではない部分だと思います。私が尊敬する優良企業、滋賀ダイハツ販売さんは「教育はどんな業務よりも最優先する」と研修に非常に力を入れておられ、業績が順調なのはもちろん、日本経営品質賞を受賞するなど研修の成果をあげておられます。

自粛により経済活動が停滞している時期だからこそ、アフターコロナ時代を見越して人が育つように教育研修費をかける。それが企業力のアップにつながるのではないでしょうか。

③社屋、店舗、設備投資

今回のコロナ禍を契機に、多くの企業で在宅勤務やテレワークが導入されました。オンラインによる会議や打ち合わせも普及し、むしろ業務効率化につながったという意見も聞かれます。

今までのような広いオフィスや社屋が本当に必要なのか、最適化を考える好機かもしれません。自社所有の社屋がある場合は賃貸に出したり、場合によっては売却や移転も検討してみましょう。社屋の購入で借り入れがある場合は、金融機関との条件交渉も有効です。

④退職金

経営者も引退を考える時期がきます。多くは55歳から70歳くらいでしょうか。いかに次世代に事業を引き継ぐか、自身の退職金をどうするか、準備は早いに越したことはありません。

以前は法人保険の活用が一般的でしたが、現在は保険料による節税への締め付けが厳しくなり、かつてのような全額、あるいは半金を経費にできる保険はほとんどなくなってしまいました。保険よりも効率的に資産運用をした方がいいケースもあります。今、私がお勧めしているプランは、証券会社の年利回り3～5％の商品を使った積み立てです。

⑤病気、介護

三大疾病については、誰もがいつかは罹患するという認識で備えておきましょう。特に経営者は、自分が倒れても事業が回るようにしておくことが大切です。

⑥事業承継

会社の事業の引継ぎをどうするか、株の譲渡継承をどうするか、よく話し合っておきましょう。場合によっては贈与税・相続税の準備も必要です。

お金を七色に分けて輝かせましょう

個　人	法　人
生　活	事　業
学　費	研修費・人件費
住　宅	社屋・設備
老後・年金	退職金
病気・介護	病気・介護
相　続	事業承継
夢・娯楽・趣味	福利厚生

⑦福利厚生

ワークライフバランスが重視される今、福利厚生の充実度は社員さんの定着率やモチベーションを左右します。会社によって特色のある福利厚生制度を打ち出すことで企業カラーをアピールすることもできますし、逆に福利厚生サービスを専門企業にアウトソーシングすることで、省力化と福利厚生メニューの充実を両立させる企業も増えています。

預貯金が安心だという勘違い

少子高齢化の進行により、年金制度の崩壊が確実視されている中、コロナ禍により さらに日本の経済状況は悪化します。

老後の生活には年金プラス２千万円が必要だとされる金融庁の発表も記憶に新しい ところですが、令和時代の老後は国をアテにせず、各々の「自助」なくしては成り立たない。その覚悟を持ってライフプランを考える必要があります。

左のグラフは、日本と米国の個人金融資産の比較です。

日本は現金預金が54％、一方、米国では現金預金はわずか13％です。

将来不安に備えての資産形成は必須となりますが、現在、日本人の資産の54％は預貯金という形で保有されています。しかし、本当にそれで大丈夫なのでしょうか？

ここでは、預貯金の内包する３つのリスクについて考えてみましょう。

個人金融資産の比較

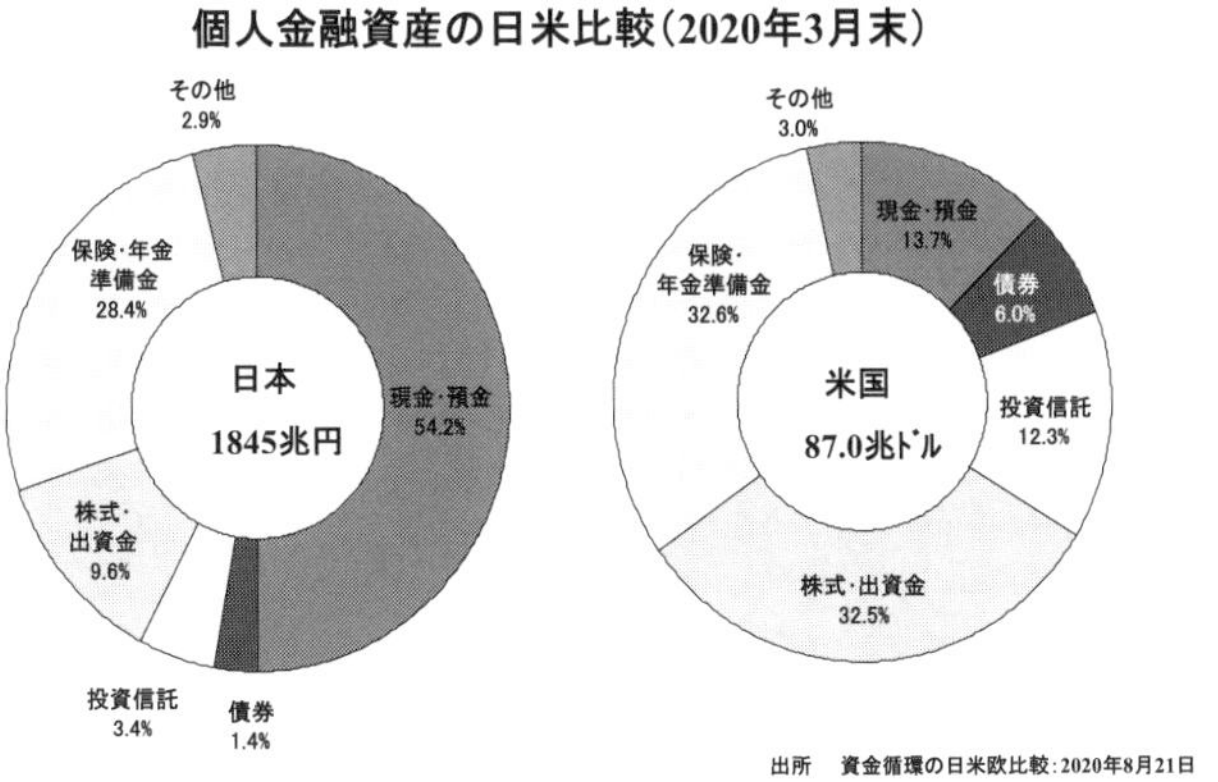

出所　資金循環の日米欧比較：2020年8月21日
日本銀行調査統計局

①低金利による目減りリスク

そもそも、預貯金は資産運用といえるのでしょうか。運用というからにはお金を動かすことで「殖やす」ことを期待しているわけです。

1980年代〜90年代前半までは、預貯金でもそれなりの金利がつきました。最も高い時の金利は年7・8％です。

これは複利運用の定期預金に10年預ければ、元本が二倍になるということです。100万円を金融機関に預けるだけで10年後、2倍の200万円です。そんな時代であれば、確かに預貯金さえしていれば確実で安心だったでしょう。

ですが、現在は超低金利時代が続き、金利は限りなくゼロに近い水準になっていま す。仮に0・1％の金利でお金を預けた場合、元本が2倍になるのに何年くらいかか るでしょう？

答えは・・・720年です。

ちょうど1300年、鎌倉時代くらいに預けたお金が、ようやく今年2倍になる計算です。なんとも気の遠くなる話ではないでしょうか。

もはや預貯金はお金を殖やす手段ではありません。それどころか、実際には、銀行口座から預金を引き出すたびにATM手数料がかかりますので、銀行に預貯金をすると実質的にお金が目減りしてしまう時代になっています。

②インフレリスク

また、物価の変動、インフレリスクについても考えておく必要があります。

日銀はインフレ率2％を目標に、デフレ脱却を目指すと明言しています。インフレ誘導は明確な国策なのです。現状ではこの目標は全く達成できていませんが、もし実際にインフレ率2％時代が実現したら、預貯金の価値は毎年2％、10年で20％も下落することになります。

大きな変化はある日突然起こり爆発的に広がります。国の財政危機や政情不安、通貨危機などいくつかの要因が重なれば、現代でもハイパーインフレが起こる可能性は十分にあるのです。

ハイパーインフレの事例として有名なのは、第一次世界大戦後のドイツです。当時のドイツは戦後インフレ傾向にあったのですが、ハイパーインフレのきっかけとなったのは、戦後賠償金の支払いのために中央銀行が紙幣の大量印刷を行ったことでした。

歴史上例のない凄まじいハイパーインフレが発生し、喫茶店でコーヒーを飲むのにトランク一杯分の紙幣を用意していたものの、飲んでいる間にトランク二杯分に値上がりしていたとか、薪の代わりに薪より安い紙幣をくべたという笑い話のような話が残っています。

実は日本でも、戦後の昭和21年からハイパーインフレが起こりました。

ガソリンの価格でみてみると、昭和21年には1リッターあたり1・2円だったものが、翌年には7・9円と7倍、昭和23年には14円、昭和28年には36円。7年間で30倍にまで物価が高騰しました。

世界に目を向ければ、2000年代に入ってからもジンバブエ、アルゼンチン、イラン、ベネズエラ、トルコなど各国でハイパーインフレが発生しています。


長年デフレに苦しんでいる日本ですが、私の尊敬する金融のスペシャリスト藤巻健史氏は、日本はいつハイパーインフレに陥ってもおかしくない財政状態だと警鐘を鳴らしておられます。

日本が対GDP比で世界一の財政赤字を抱えていることはご存じでしょうか。2020年度の日本の対GDP比債務残高は、なんと238%（2019年）。日本人はいつまでも「日本は経済大国である」と思い込んでいますが、その内情は財政危機がささやかれるギリシャを抜き、世界一の借金大国なのです。

戦後のハイパーインフレ

「値段史年表 明治・大正・昭和 週刊朝日編」本抜粋。

	ガソリン (1L)	金 (1g)	小麦粉 (10kg)	塩 (1Kg)	タバコ GOLDEN_ BAT	都電乗車賃	入浴料	白米 (10kg)	ビール (1本)
昭和21年	¥1.20	¥17.00	¥21.00	¥1.14	¥1.00	¥0.40	¥0.70	¥19.50	¥6.00
昭和22年	¥7.90	¥75.00	¥104.00	¥4.93	¥2.50	¥1.00	¥3.00	¥99.70	¥59.61
昭和23年	¥14.00	¥326.00	¥266.00	¥12.48	¥6.00	¥3.50	¥10.00	¥149.60	¥162.20
昭和24年	¥17.70	¥385.00	¥405.00	¥21.66	¥15.00	¥8.00	¥10.00		¥126.50
昭和25年	¥23.00	¥401.00	¥425.00	¥18.25	¥30.00	¥8.00	¥10.00	¥445.00	¥125.00
昭和26年	¥24.60	¥585.00	¥485.00	¥21.83	¥30.00	¥10.00	¥12.00		¥123.00
昭和27年	¥34.00		¥497.00	¥21.33	¥30.00	¥10.00	¥12.00		¥130.00
昭和28年	¥36.00	¥585.00	¥511.00	¥21.00	¥30.00	¥10.00	¥15.00	¥680.00	¥107.00

政府債務残高の推移の国際比較

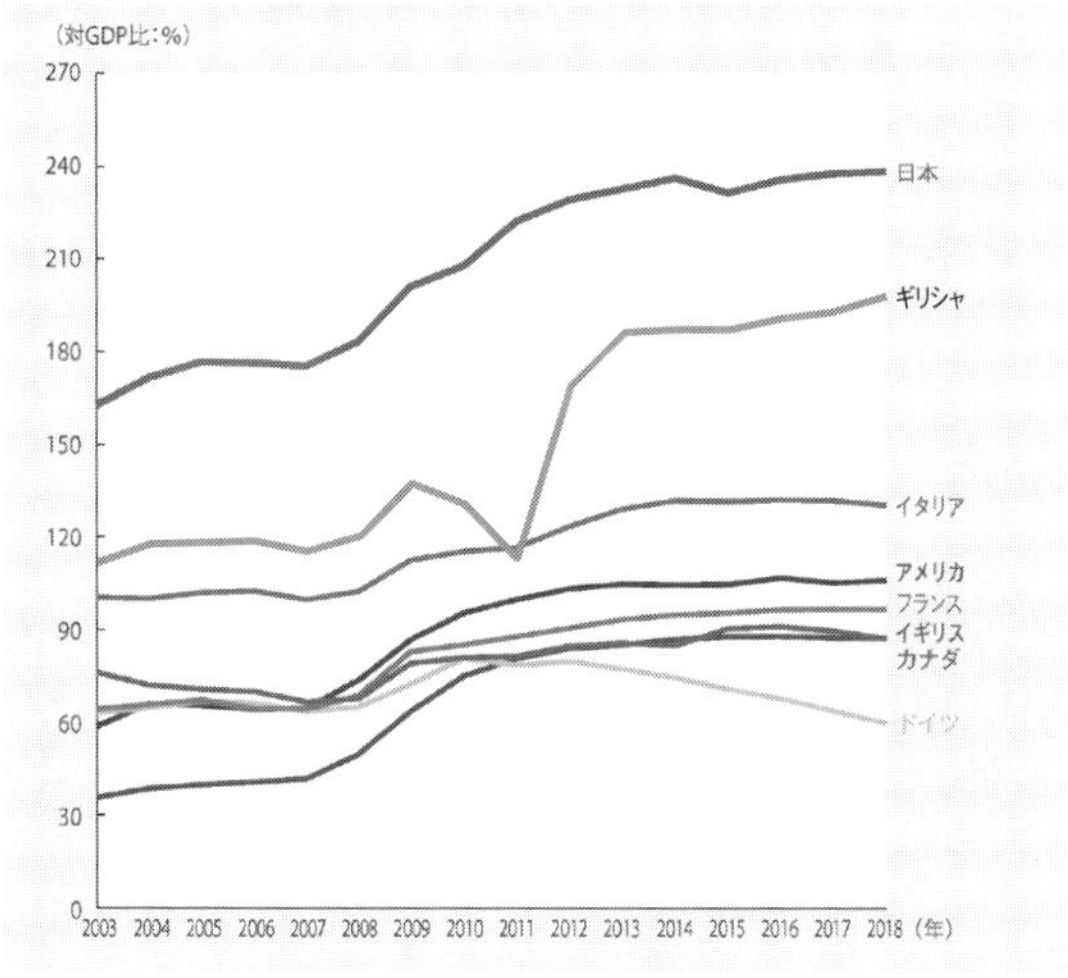

出典：財務省「これからの日本のために財政を考える」より
URL：https://www.mof.go.jp/budget/fiscal_condition/related_data/index.html

国の収支はバブル崩壊以降、30年以上連続の単年度赤字。毎年の赤字を赤字国債で埋めるという自転車操業を続けてきましたが、もう限界を迎えています。

それにさらに追い打ちをかけたのが今回のコロナ禍です。コロナ支援の補正予算が57・6兆円、今年の赤字国債はなんと90兆円、70兆円の歳入を大きく超える額です。「日本の借金は対外債務ではないから大丈夫」とよく言われますが、日本は赤字国債を発行し、市場を介して中央銀行が買い取ることで、なんとかしのいでいる「財政ファイナンス」状態に陥っています。

これまでお金に困って「財政ファイナンス」に走った国は、ことごとくハイパーインフレ状態に陥ったと言われています。先にご紹介したドイツの事例もそうですが、価値の裏付けがない通貨の乱発は国際的な信用力を損ない、誰もその通貨を自国通貨と交換しなくなるからです。資産保全の観点からも、一部はドル建ての資産に切り替えておくことをお勧めします。

③金融機関の破綻リスク

預けている金融機関の破綻リスクもあります。日本でもバブル崩壊後にはいくつかの銀行が破綻しました。今回のコロナショックによる経済的ダメージはこれから本格化してきます。今後また第二波、第三波が来ると、体力のない地方銀行などが破綻するのではないかと危惧されています。

もし銀行が破綻した場合でも、1千万円まではペイオフで守られますが、それ以上の預金は保証されず、場合によっては失ってしまうリスクがあります。銀行の選択は慎重に、健全な経営をしており、破綻リスクの少ない銀行を選ぶことが大切になります。

預貯金のリスク

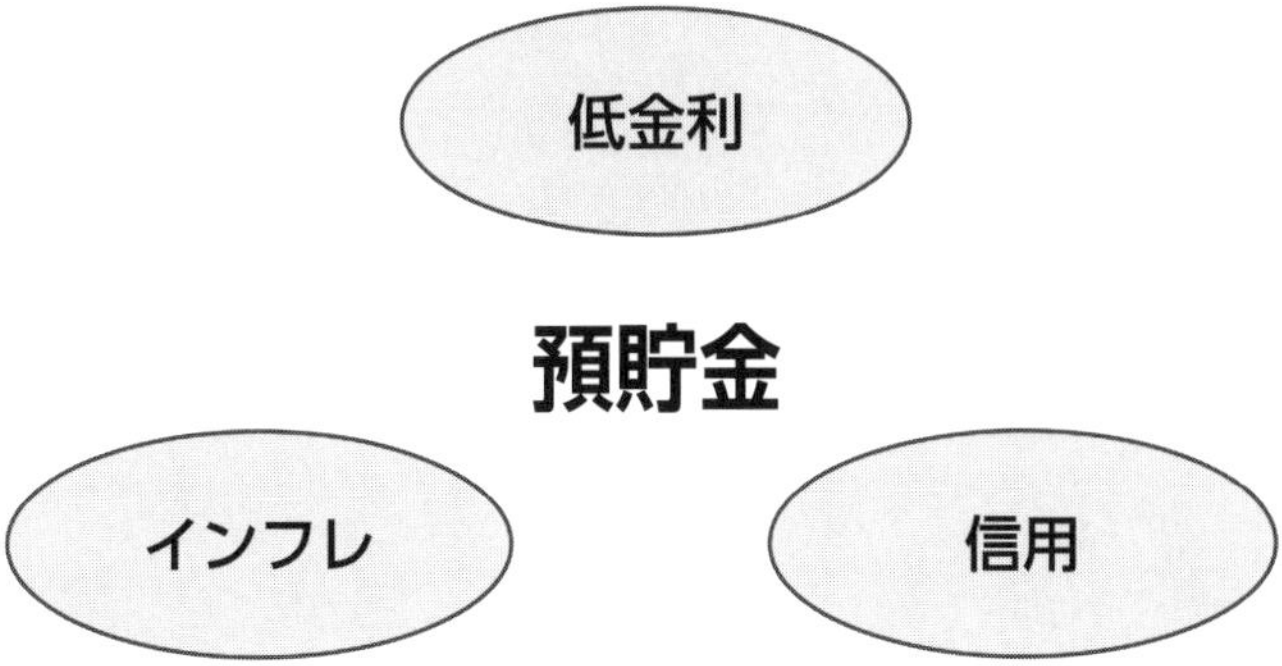

戦後平和な時代が続いた日本人は銀行へ預ける「預貯金」が一番安全確実な資産運用だと考えていますが、低金利、インフレ、銀行の破綻という3つの大きなリスク

を内包していることを認識しておく必要があります。

コロナ禍での株は狙い目なのか!?

2020年3月、コロナショックにより株価が暴落しました。

2020年1月、TOPIXは、1699という最近では高値圏といえる水準にありました。それが3月17日の3か月半後には1216。25%ほども一気に下落したのです。

2020年の6月9日時点では、1629まであがっています。7月6日には、1550です。ですので、1216から比べると、もう20-25%株価は戻っているという状況です。

株は暴落して値段が下がったときに買う、というのは誰でもご存じの鉄則です。チャートを振り返れば、株を狙うのであれば、3月の時点で株を買っておくべきでした。

しかし、これはもう過去の話です。

コロナ禍での株の底値はいつ？

2020年1月6日（年初）	1699
2020年3月17日	1216
2020年6月9日	1629
2020年7月6日	1555

実際に暴落のさなかにあると、人は恐怖にすくんで動けないものです。バブル崩壊からの長い下落相場を知っている世代であればなおのこと相場急落への恐怖感は強いといえます。逆に、少しでも損失を軽くしようと下がったときに損切した人の方が多いのではないでしょうか。大勢の心理の逆をいかなくては勝てない、それが株の難しいところです。

株価下落にも「第二波」が来る！

英国　スペイン風邪による死亡数とNYダウ株価

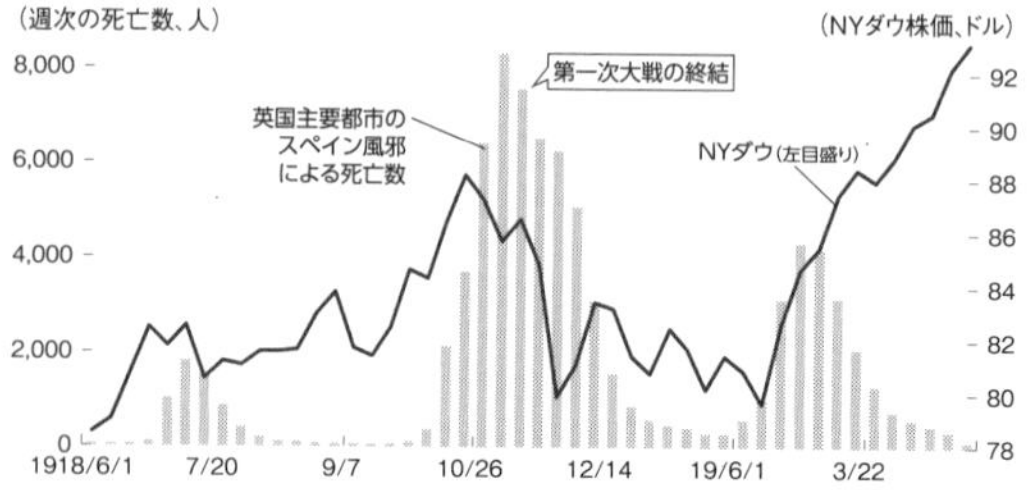

（資料）『週刊エコノミストオンライン』より
https://weekly-economist.mainichi.jp/articles/20200218/se1/00m/020/013000c

今からちょうど１００年前、スペイン風邪の流行がありました。世界中に蔓延し、当時の世界人口の１／３以上が感染、数千万人が死亡したと言われる、世界史に残る疫病被害です。

最初の流行の時は、今回と同じように一瞬株が下がり比較的短期間で戻しています。しかし第二波、第三波とパンデミックを繰り返し、数年後の１９２９年に世界大恐慌をおこして大暴落しています。

今とは時代も違うので、今回も同じ動きをするかどうかはわかりませんが、第二波、第三波の規模が大きければ、世界的に大恐慌がおこっても不思議ではありません。これは個人的な感想ですが、実体経済を見ていると、大恐慌とはいかないまでも、もう一度大きく下がり二番底を試す局面があるのではないかと考えています。

株は長期運用なら安心は本当？　幻！

株といえば、「短期で一喜一憂せず、長期運用すれば儲かる」と昔から言われています。それが本当なのか、検証してみます。

先ほどの東証トピックスの１９６８年、この年を１００としますと、１９９０年、バブルの崩壊前は２８６７です。22年で28倍に上がっています。

トピックスは１９８９年に２８８４という一番の高値をつけて、実はそのあと、30年以上もその高値を超えていません。２０２０年の年初が１６９９です。この高値か

東証株価指数（TOPIX）の推移は？

	年初		年初
1964年	91	2010年	915
1968年	100	2015年	1401
1990年	2867	2018年	1863
1995年	1553	2020年	1699
2000年	1717	2020年3月17日	1216
2005年	1153	2020年7月6日	1555

1989年の最高2884をこの30年間超えていない！

らすると、半分以上は戻っている感じです。

日本の株に投資した方は、1960年代に投資した場合、株価が1990年までずっと右肩上がりで上がり続けたので、この期間は基本的に株価が上がり続け、誰でも儲かった時代です。「株は長期投資をすると儲かる」という言葉はここまではあてはまっています。

しかしバブル崩壊以降、10年運用した場合はどうでしょう。

1994年バブル崩壊後、10年でマイナス1・2%。1千万円投資すると884万円に目減りしてしまうというデータがあります。株に10年長期投資すると、大半の人

株の長期保有は手堅いは幻想！

日本株に10年間運用した時の利回りは？

・1,000万円　日本株　100%運用の場合
（東証株価指数（TOPIX）の場合）

10年平均利回り　－1．2%

1,000万円　→　884万円

（1994年3月～2008年4月）

がマイナスになるということになります。

また、投資のタイミングと勝率について調べてみました。

1949年から1986年までの間に株を始めて、それから10年間長期で運用した人は、トピックスの年初で見れば全員が増えています。今から考えると、本当にありがたい恵まれた時代でした。

1987年から始めて10年運用した人は、増えた回数は7回。減った年数が14回。88年にスタートした人、2008年にスタートした人、という形で、21年間でみると、7勝14敗、勝率でいえば、3割3分3厘という状況です。

東証株価指数（TOPIX）の推移は？

1949年～1986年までの37年間、
10年間運用すると必ず増えていた。
株を長期保有すると増える時代だった！

1987年～2008年までの21年間、
10年間運用すると、
増えた回数　7回
減った回数　14回
株の長期保有で増える時代は終わった！

野球のバッターとしてなら良い打率ですが、株の運用でいえば、3分の1しか勝てない、3分の2の人が負けるという時代になっています。ちなみに、私は1999年から始めたので、最初は負けばかりでした。

株で10年運用しても日本株ではなかなか勝てない。銘柄や会社を見極めて投資しないと日本株では儲からない時代です。

ただ、米国のように人口が増えている国、アジアのように経済成長している海外は、戦後の日本のように株価が高くなる可能性があります。日本人としては悲しいですが、海外のほうが株投資で勝てる可能性は高いといえるでしょう。

コロナショックをチャンスに変える「4つ」の資産運用とは⁉

ここまで、資産を預貯金に偏重して持つ危険性や株のリスクと難しさ、分散投資の重要性についてご説明してきました。

では、結局どのような資産運用をすればリスクが低く、かつインフレに負けないように「殖やす」資産運用ができるのでしょうか。

私がお勧めしているのは、次の4つの分散投資です。

①米国債・社債＝2章で解説
②ドル建て（MMF）＝3章で解説
③生命保険＝4章で解説
④日本一の投資信託での円建て（ファンド）＝5章で解説

この組み合わせで運用することで、為替や相場の大きな変動にも耐えることができますし、利回りも安定します。

次章以降、それぞれについて詳しくご説明します。

2章

手堅い「債券」投資

～国債、社債～

「国債」と「社債」を知る

債券とは、国や自治体、銀行、企業などが資金調達するために発行する有価証券のことです。馴染みのあるところでは、日本政府が発行している債券＝国債、米国政府が発行している債券＝米国債などがあります。

同じように、社債とは、企業が発行する債券のことです。

図で表すと、投資家は発行元にお金を貸し、その利息を受け取ります。また、債券は額面の金額を返してもらう償還日が決まっており、期限が来たら元本が返ってくる仕組みになっています。

債券投資なんて怖い、と思われるかもしれませんが、皆さんが安全だと思っている預貯金も、預け入れた先の金融機関が国債や社債などを買って運用しています。保険会社の終身保険、日本の多くの投資信託なども、運用の柱は社債や国債です。つまり、

債券の仕組み

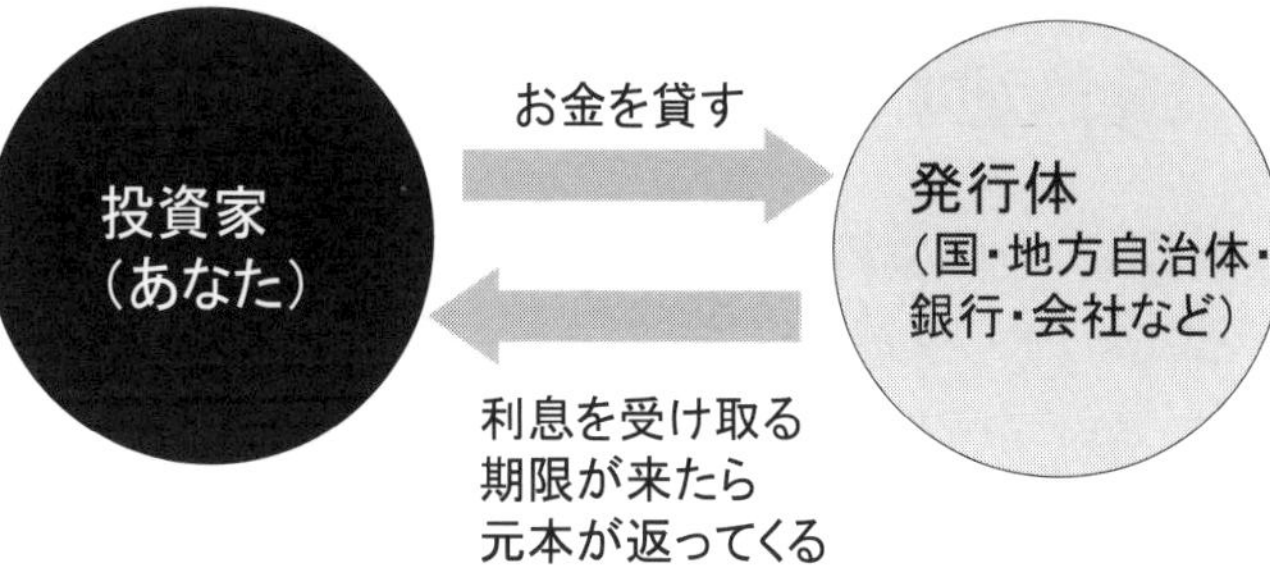

皆さんはすでに社債や国債を間接的に持っているということです。

どうせ持つなら、間接的に持つのではなく、直接的に持ちましょう、ということをお勧めしています。なぜかといえば、銀行預金に預けた場合、債券の金利のほとんどを銀行や証券会社が手数料として受け取り、残りのわずか0・01％ほどしか一般投資家には還元されない仕組みになっているからです。債券を直接運用すれば、その手数料分を手元に残すことができますので、利回りがあがります。

今回のコロナショックでは、株などは一時期かなり暴落しましたが、米国債は上がりました。２００８年のリーマンショックの時も

「債券とは？」

国・地方公共団体・銀行・会社などが
資金調達するために発行する有価証券。

国債　＝　国が発行した債券
社債　＝　銀行や会社などが発行した債券

リスク　発行体の破綻リスク
　　　　途中売却の場合の元本割れリスク
　　　　ドル建等の場合、為替リスク

同様に、米国債は上がりました。大規模な経済的ショックが起きて相場全体が暴落する時には、リスク回避の動きから株を売り、代わりに安全な投資先として米国債が買われる動きが起きます。分散投資の一つとして米国債をもっておくことで、リスク回避につながります。

債券と預金の違い

債券と預金のどこが違うかといえば、預金は普通預金の場合、1千万円まで預金保護法により元本が保護されますが、債券の場合は発行元が破綻しても保護されません。満期を迎えれば額面での償還が保証されていますが、保有期間中には価格の上下があり、途中で売却した場合は額面よりも値段が下がるリスクがあります。

銀行預金などでは満期時に元本＋利息を受け取りますが、国債や社債によっては定期的に利息を受け取り、償還時に額面の金額を受け取ることができます。この利払い方法は、まとまった資金を運用しながら年金の不足分を補いたいという方にはぴったりだと思います。

私が資産運用の仕事をスタートしたのは、リーマンショックの前でした。

当時、3千本以上あるファンドの中から、良いパフォーマンスのファンド上位5つ

債券の利払いイメージ

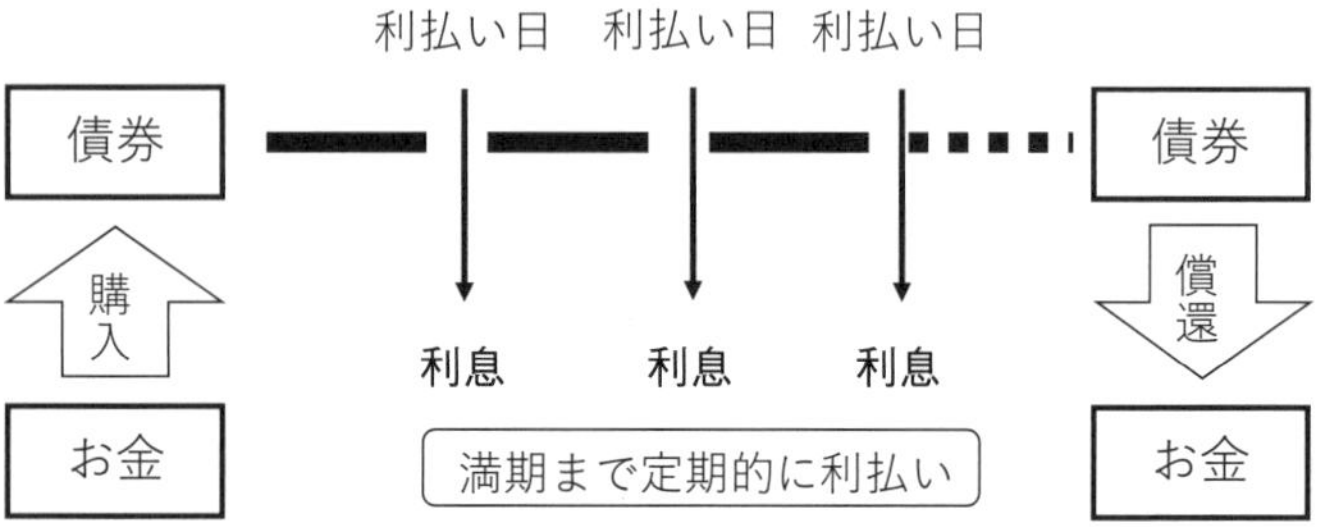

を選んで、お客様に紹介させていただいたのです。

しかし、それほど厳選した5本のファンド全てが、リーマンショックの時には下落してしまいました。分散を心掛けているつもりでも、株式型も債券型も全てが下落したため、思うような分散の効果は得られなかったのです。

この時は元に戻るまで3年〜4年ほどかかり、お客様に不安を与えてしまいました。

その経験から、仕事で株関係を扱うのはやめ、米国債や社債、一部の投資信託中心の運用に切り替えてきました。

株には価格の上下があり、一度下落した

らいつまで待てば価格が戻るのかわかりません。しかし、債券は償還までの間は価格の上下があるものの、満期まで持てば元本割れはありません。破綻リスクの低い国債・社債を選んでいれば、わかりやすく安心な商品なのです。

米国債

ここで一つ質問です。ここにA国とB国という2つの国があるとします。
ここでは格付けは、Aが多いほうが信用度が高く、ＡＡＡが最上位とします。
A国はＡＡＡ、10年国債で1・8％
B国はA、10年国債で0・1％
どちらの国債を買えばいいと思いますか？

どちらの国の国債を買いますか？

	格付け	10年金利
A国	AAA	1．8%
B国	A	0．1%

（2019年時点）

おそらく多くの方は、迷わず格付けも高く金利が高いA国を選ぶと思います。
実はA国というのは米国、B国は日本のことです。

しかし、日本人の皆さんは預貯金を通じて日本の国債を買っています。格付けも利回りも低い、債務超過の国に全額賭けているという不思議な状態です。資産運用や投資というと怖くなり、預貯金なら安心だという幻想にしがみついているのです。
米国債は投資家や運用機関が好む世界一流通している金融商品なので、ある意味、円を現金で持つよりも安全安心な金融商品かもしれません。日本政府の年金運用にも米国債は

米国債　保有国ランキング　(2019年2月 米国財務省公表)

1位	中国	1兆1309億ドル
2位	日本	1兆 724億ドル
3位	ブラジル	3077億ドル
4位	英国	2838億ドル
5位	アイルランド	2741億ドル
6位	ルクセンブルグ	2268億ドル
7位	スイス	2259億ドル
8位	ケイマン諸島	2101億ドル
9位	香港	2024億ドル
10位	ベルギー	1820億ドル
11位	サウジアラビア	1670億ドル

組み入れられています。

次に、米国債を保有している国のランキングを見てみましょう。

米国と対立している中国、そして日本がトップレベルの保有額です。そして、Ａｍａｚｏｎやアップル、フェイスブックなどの巨大企業も資産運用に米国債を組み込んでいます。日本の中から見るのではなく世界的な視点から見ても、米国債が安全だと評価されているわけです。

日本人は株などでハイリスク・ハイリターンを狙うよりも、コツコツと着実に運用したいという方が、特に女性には多いと思います。

米国債は、証券会社により異なりますが、1万ドル位から買えて、リーマンショックやコロナショックでも価格が下がらないばかりか、逆行して上昇する特性があります。1万円からの積み立てもありますので、ここから始めるのもお勧めです。

社債

社債とは、特定の会社が発行した債券です。最近は米ドル建て日本企業の社債も人気があり、ソフトバンクやトヨタなど、有名企業が発行しています。

同じく企業が投資家から資金を集める手段として株があります。株は、暴落時などに下がったときに買い、上がった時に売れば儲かります。しかし問題は、下落局面ではどこが底かわからないということです。買い値からさらに下がり、なかなか戻らないというリスクもあります。

一方、社債の場合は、相場が荒れるときには株につられて価格が下がっても、満期まで持っておけば額面で償還になりますので、購入時で利回りは確定しています。その発行体の会社がつぶれない限りは、リスクは限定的だといえるでしょう。

私のお客様でご購入いただいている方の中でも、購入タイミングによって利回りの差はありますが、償還まで持っていればまず損はしません。この「損をしない」という安心感は、資産保全のための投資においてはとても重要なポイントだと思います。

コロナショックは絶好の買い場

これまでのデータや経験測から、相場急変時には社債が連れ安するため、いい買い場になると予想していました。そして今回のコロナショックで、予想通り社債の価格は大きく下がりました。逆に言えば、その債券の利回りが大きく上昇したということです。なお、米国債は逆にリスク回避の動きで買われるため、価格が上がりました。

ほぼ想定していた通りの値動きになりましたので、私のお客様には、かなり良い利回りで社債をご購入いただくことができました。それ以前に1％台だった利回りがコ

債券価格・NYダウ～指数化比較

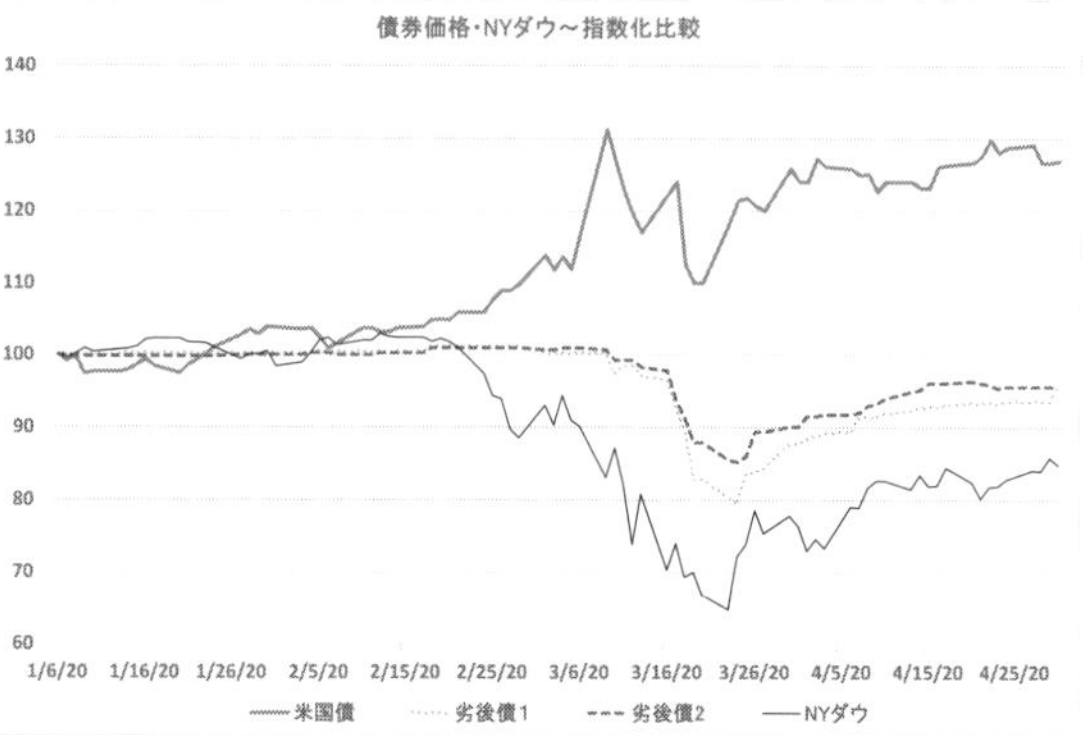

※当資料は、投資判断の参考・情報提供を目的としてFPL証券が作成したものです。お申込みにあたっては必ず外国証券情報、契約締結前交付書面、投資信託説明書（交付目論見書）をご覧の上、ご自身でご判断ください。

ロナショックで8～10%に急上昇したので、購入できた方は本当にラッキーだったと思います。中には、上がったタイミングで米国債を売り、下がった社債を買うというプロ顔負けの動きをされたお客様もいます。

ただ、私も今回初めての経験だったのですが、社債の在庫がなくなり、買い手がいるのに仕入れができない状態になってしまいました。本当はもう少し長く下落状態が続いてくれれば、もっと多くのお客様にご紹介できたのですが・・・想像以上に早く値が戻ってしまいました。

株の暴落はまた数年以内にくると思います。しかしリーマンショックやコロナショッ

コロナショック時の社債（劣後債）の参考利回り上昇例

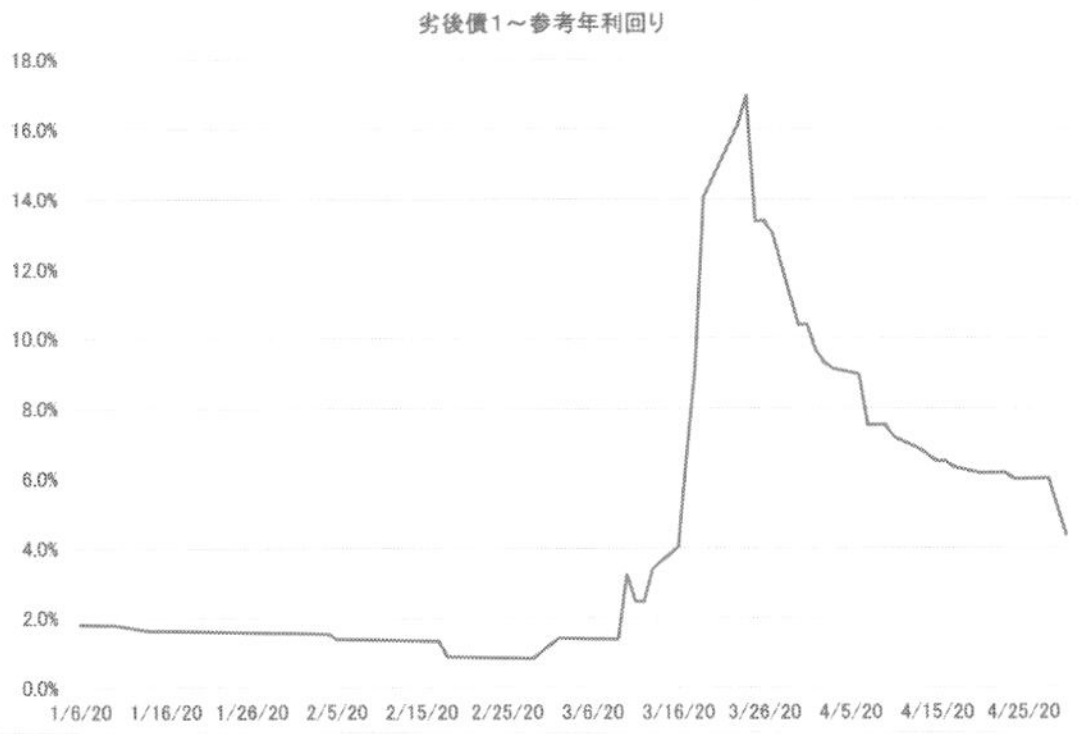

※当資料は、投資判断の参考・情報提供を目的としてFPL証券が作成したものです。お申込みにあたっては必ず外国証券情報、契約締結前交付書面、投資信託説明書（交付目論見書）をご覧の上、ご自身でご判断ください。

クのようなことが起こっても、米国債や社債などを組み合わせて運用していれば不安はありません。反対に○○ショックのような暴落時は運用利回りを上げるチャンス、前向きにとらえることができます。

このようにメリットの多い社債ですが、リスクもあります。

・価格が10万から20万ドル以上であること（一部、少数ですが1万ドルくらいから買えるものもあります）
・運用期間中の価格変動リスク
・為替リスク
・発行元の破綻による元本の棄損リスク

株価下落時でも価格上昇の米国債

・預貯金大好きな日本人は、
株式運用より、債券運用が合っている！

・老後2,000万円は、米国債で積立する

最初に米国債を運用して、社債を組み込んでいくのが私の勧める運用セオリーです。そのときに、一つの銘柄ではなく複数の社債などに分散しておくことも大切です。

なお、ドル建てだと為替リスクが怖いといわれますが、円高の時、ドルの価値が下がっているときにはドルを買い、円を使えば良いのです。円が下がりドルが高い時には、その逆を行うということです。外為は価格が動かないということはないので、為替リスクはコントロール可能です。

コラム

北海道"気鋭"の経営者 FPL証券（株）代表取締役「工藤好洋」氏に聞く、初心者のための最新「資産運用」術！

◆プロフィール

工藤 好洋（くどう よしひろ）

1962年生まれ　北海道出身　北海道大学工学部卒。国内繊維メーカーから証券会社に転職。支店長、営業本部長、商品本部長などを歴任。2015年11月に前身のFPLインシュアランス入社、翌年1月に代表取締役就任。

●FPL証券株式会社HP
https://www.fpl-sec.co.jp/

2章では債券投資、いわゆる「国債・社債」についてご説明してきましたが、最後にこの分野において私が信頼するパートナーである、ＦＰＬ証券株式会社さん（以下、ＦＰＬ証券）をご紹介させていただきます。

ＦＰＬ証券は、〝株式を扱わない証券会社〟として２０１６年12月に北海道の証券会社として営業を開始されました。

ＦＰＬ証券には、本書の様々な部分で文面や資料のご提供をしていただき、いわば「執筆ご協力」もお願いしております。

今回は、代表取締役の工藤好洋氏に、ＦＰＬ証券のビジョンや今後のビジネス展開についてお伺いしました。

能登：こんにちは！　いつもいろいろお世話になっております。今日は、読者の皆様のために、いろいろお話を聞かせていただきます。どうぞお付き合いお願いいいたします。

工藤：はい、こちらこそお世話になっております。どうぞよろしくお願いします。

能登：最初に、工藤さんがＦＰＬ証券を開業された背景、理由を教えてください。

工藤：弊社は保険代理店としてスタートし、北海道を中心に営業を展開していく中で、２０１６年に、57年ぶりとなる、北海道に本社を置く証券会社として登録していただく事ができました。
その保険代理店時代に、スイスや香港等に海外視察に行った際、富裕層向けのサービスとしてプライベートバンクやファミリーオフィス型のサービスを目の当たりにし、是非、日本でも展開したいとの思いを強く抱きました。
具体的に検討していくうちに、証券業務が不可欠との結論に至り、参入することを決断しました。

能登：次に、ＦＰＬ証券さんの今後のビジョンについて、教えてください。

工藤：ＦＰＬ証券は“Friendship”“Partnership”“Leadership”をその名前の由来としています。

「お客様の良き友のように深く寄り添い、時には自ら先頭に立ち進むべき道を指し示す、生涯のパートナーでありたい」―私どもの目指すべき姿です。

「預貯金から投資へ」と叫ばれ続けていますが、なかなか進んでいないのが現状です。日本銀行の統計によると、2020年3月末時点で日本の個人金融資産1845兆円のうち、54・2%は預貯金で占められています。一方でユーロエリアでは34・9%、米国では13・7%を占めるにすぎません(出典:2020年8月21日　日本銀行調査統計局「資金循環の日米欧比較」)。これには様々な要因が考えられますが、投資=株式というイメージが強いのではないかと考えています。

「お客様の大切なご資産を守り育てる」―〝投資=株式投資〟というイメージを払拭し、〝預貯金以上株式未満〟のリスク商品を、長期保有を前提としてご提供していくことが重要だと考えています。そして、日本人の金融リテラシーを高めていく。そうすることが、「自分の資産は自ら守り育てなければいけない時代」の私たちの使命であり、社会への貢献となる、そう考えています。

能登:なぜ株式を扱わないのでしょうか?

工藤:証券会社としては異色のビジネスモデルと言われていますが、お客様の立場で考えると株式等の売買を繰り返すのではなく、長期で運用する預金の代替となるような商品を扱い、お客様に保有し続けていただくことが、お客様の資産を守り育てていくことになり、その結果、当社のビジネスも発展すると考えています。

能登：短期の売買を繰り返さないと、どのようなメリットがありますか？

工藤：アメリカ型の投資スタイルは、短期の売買を繰り返しながら収益を上げていきますが、ヨーロッパ型は、お客様の資産価値を減らさない為の長期保有になります。
日本の証券会社では、短期で売買を繰り返していく習慣がありますが、弊社では、お客様の資産を長期でお守りするということを最優先に考えた結果、ヨーロッパ型の長期保有を選択しています。

能登：さすが、顧客ファーストのＦＰＬ証券さんですね！　では、なぜ米国債や社債なのでしょうか？

工藤：「預金か株か」その中間に様々な選択肢があります。投資家のいわゆる金融リテラシーが大きく関わる部分ですが、そこが、まだまだ理解されていないと感じています。
米国債や社債は、預金と株の中間の商品であり、預金から投資への最初の一歩として、預貯金しかしてこなかった方々にもご理解いただければ、とても安心感のある選択だと考えています。

能登：米国債、社債やドルＭＭＦは、他の証券会社から勧められたことがないと言われます。なぜ、他の証券会社では、勧めておられないのでしょうか。

工藤：それは、米国債や社債、ドルMMFをお客様に購入いただいても、証券会社の利益が小さく、継続的な収益につながりにくいためだと考えます。米国債や社債は、投資信託のような毎年の信託報酬も入らず、株式のような短期での売買も繰り返さないので売買手数料も入ってきません。そのために積極的には勧めておられないと考えます。

能登：FPL証券さんは、米国債や社債でも収益につながるのでしょうか？

工藤：確かに弊社も他の証券会社と同様に短期的な収益にはつながらないのですが、長期的に保有いただく中で、お預かりする資産が大きくなっていくことで、十分に収益が上がると考えています。

能登：日本では「預金から投資へ」を国策として掲げていますが、なかなか上手くいっていません。それはなぜだとお考えでしょうか？

工藤：そこには供給者側の構造的な問題があると考えます。
お客様側の視点というよりは、販売者側の視点に立ったビジネスのために、なかなか「預金から投資へ」といった流れができていかないと考えています。これは、供給者側、販売者側の責任が大きいと考えます。これからの時代は、もっとお客様側の立場、視点の商品の提供が必要なのです。また、長い間、農耕民族だった日本人には、上がり下がりのリスクの大きい株式よりも、毎年少しずつ利息が出て資産がコツコツと育っていく社債のような商品が合っていると考えています。

能登：株式を取扱わない証券会社として、どのようなお考えで商品を提供されていますか。

工藤：大きく二つの考え方を軸に、商品をご提供させていただいております。

一つは、通貨分散の観点から、世界の基軸通貨である〝ドル資産〟を保有する事は特に重要なことと考え、米国債を中心に、安心して保有頂けるドル建ての債券をラインアップし、資産形成のニーズに応えるべく、日本で唯一の、米国債積立〝ウリエル〟なども開発し、提供させていただいております。

一方で、未曾有の超低金利の中、株式や為替などの価格変動リスクを取らず、預貯金に滞留している円資産に預金金利以上のリターンが期待できる商品へのニーズが、かなり強い事も肌で感じていました。

そのことが、株式、債券、為替などのマーケットの変動にほとんど影響を受けず、スポット裁定取引戦略で着実な成長を目指す日本初の投資信託〝あい・パワーファンド〟の取扱いを決断することとなりました。

実際に、今般のコロナショックの影響も殆ど受けず、お客様から賞賛や、感謝のお言葉をいただくなど、信頼につながっていると自負しております。

能登：大変勉強になりました！　本日はありがとうございました。

工藤：こちらこそありがとうございました。読者の皆さまにお役立ていただければ幸いです。

3章

注目の「ドル建て」で資産を殖やす

ドル資産に分散し、資産の「価値」を保全する

分散投資の第一歩としてお勧めしたいのは、預貯金の一部を米ドルで保有することです。繰り返しになりますが、日本人はその資産のほとんどを、金利ゼロの預貯金として保有しています。これは「投資は怖い、減らしたくない」といいながら、「日本円」を一点買いしているのと同じことです。

世界では、アフリカやアジアなどの新興国を中心に年々インフレが進行しています。コロナ禍における世界経済の落ち込みが懸念される中、各国は大規模な財政出動を行い市場の安定化を図っていますが、金余りにより世界的なインフレ傾向が加速するのではないかとも危惧されています。

極端な話に思えるかもしれませんが、日本がハイパーインフレになった場合、日本円は紙屑になり、価値がどんどん下がってしまいます。そんなリスクに備えて、米ド

世界の通貨別取引高シェア（2016年）

順位	通貨	世界シェア
1	アメリカドル	43.8%
2	ユーロ	15.6%
3	日本円	10.8%
4	英ポンド	6.4%
5	豪ドル	3.5%
6	カナダドル	2.6%
7	スイスフラン	2.4%
8	人民元	2.0%

出典：BIS（国際決済銀行）のデータより

ル、または米ドル建ての資産に分散することは、資産防衛の観点から今まで以上に大切になってきます。

なぜ米ドルかといえば、米ドルは言わずと知れた世界の基軸通貨だからです。世界通貨市場の中でも米ドルの取引量は圧倒的で、全体の43％、どの国でも、自国の為替との比較に出されるのは米ドルです。

一方、我が国の通貨である円はどうでしょう。世界シェアはわずか10％程度で、その差は明らかです。

通貨の強さは国力の強さを表しているとも言われます。米国は世界最大の経済大国

日米の生産年齢人口の推移

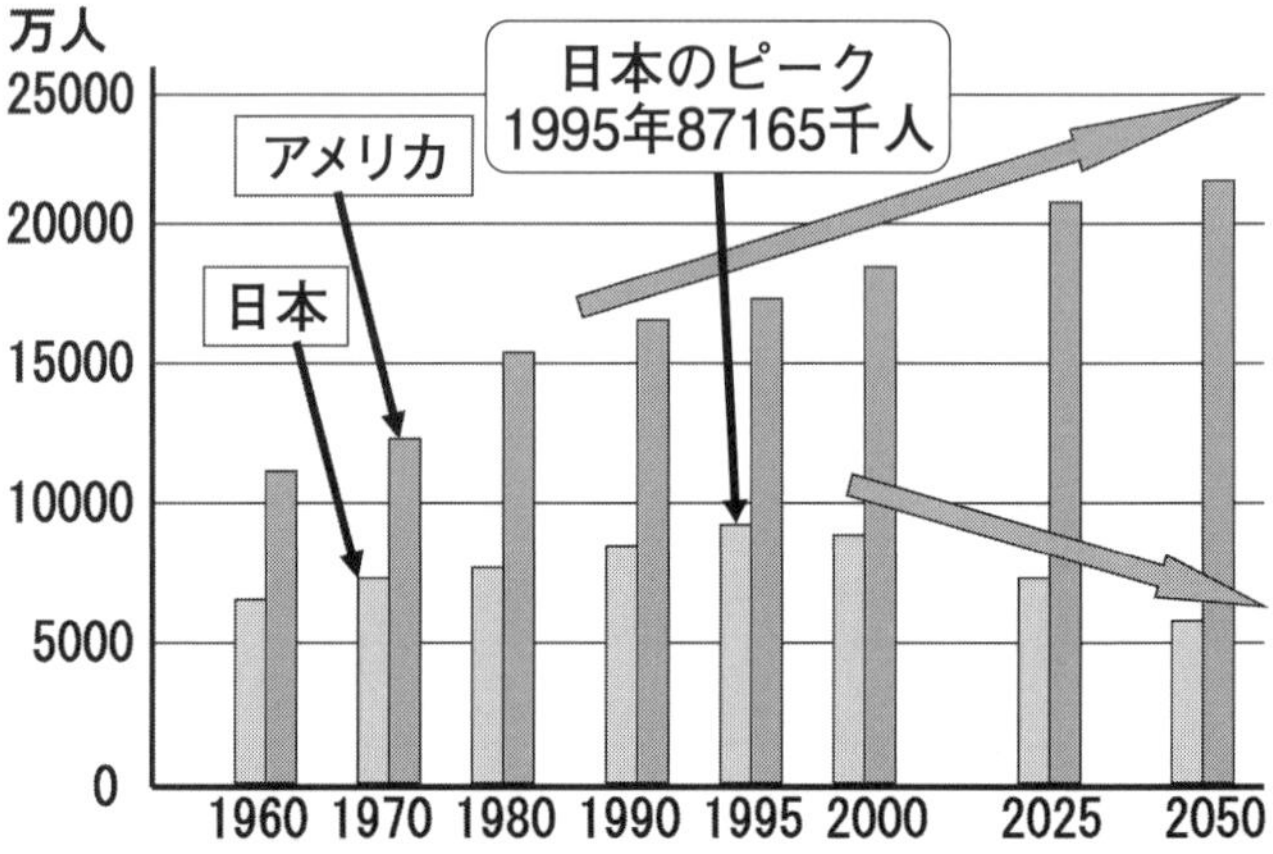

出典：新生命保険セールスのアプローチ（近代セールス社）より

ですが、日本やヨーロッパ諸国といった先進諸国と違い、少子高齢化による生産年齢人口の減少に見舞われていません。

上の図表は、日米の生産年齢人口の推移を比較したものです。

アメリカの生産年齢人口は移民の流入もあり、相変わらず増え続けています。生産年齢人口が増えていると言うのは、すなわち経済成長も続いているということです。

一方の日本は、1995年をピークに生産年齢人口が減少に転じています。

このままの状態であれば原理的にも経済は縮小していきますので、これから経済成長していくのはかなり難しいといえます。

とはいえ、日本円は今までは「有事の円買い」と言われ、世界経済に大きなインパクトを与えるリスク（災害や紛争等）が発生した際には、買われて円高に振れる傾向にありました。しかし、今回のコロナ禍によるコロナショックにおいては、「有事の円買い」ではなく、「米ドル」を確保しようとする動きが顕著となり大きく円安に振れる場面もありました。

理由は様々に考えられますが、コロナ禍のような全世界規模の超特大のリスクに直面した際の最後の資金逃避先は、やはり「米ドル」だということではないでしょうか。また、米国は金融システムが高度に発達しており、金融取引は公正な法制度で守られています。つまり、米国は先進国でありながらも今後も経済成長性が見込まれ、安心して資産を預けられる国だということです。

米国ドルの持ち方

ドルを持ちましょうと勧めると、銀行での「ドル預金」をまず思い浮かべると思います。しかし私は、銀行の「ドル預金」は安全性の面からお勧めしていません。なぜならドル預金の場合、預けている銀行が破綻しても、ペイオフ（預金保護）の対象にならないからです。

しかし、次の持ち方で米ドルを保有すれば、同じドル運用でもいざという時に守られますのでご安心ください。

①米国債

②ドルのＭＭＦ（証券会社のドルの普通預金口座のようなもの）

まず①の米国債。これは第二章でもご紹介したものになります。米国債は米国が発行元の債券ですので、米国が破綻しない限り、必ず額面の米ドルで償還されます。

次に、②の米ドルのＭＭＦ。これは証券会社で取引できる米ドルの普通預金のようなものです。「マネー・マーケット・ファンド」の略で、その中身は米ドルで運用する外貨建の投資信託です。

ＭＭＦの投資対象は、安全性の高い優良企業の社債や米国債など。元本保証ではあ

ドル預金とドルのMMFの違い

	ドル預金	ドルMMF
金利	0.010%	0.120%
為替差益にかかる税金	雑所得として申告必要	申告分離課税（20.315%）の対象
元本の保証	外貨ベースで元本保証	元本の保証はなし
解約の自由度	いつでも解約できます	いつでも解約できます
資産保護	銀行破綻時は、 預金保護の対象外のため 資産保護はありません	証券会社破綻時は、 分別管理の対象のため、 ドルMMF資産は保全されます

【注1】ドル預金の金利は、三菱UFJ銀行　2020年8月27日　外貨普通預金　米ドル金利より

【注2】ドルMMFの金利は、野村證券　2020年8月27日　ノムラ外貨MMF　USMMF年換利回りより

りませんが、ドルＭＭＦの発売後、ドルベースでは元本を割ったことはほとんどありません。

購入手数料は無料、１万円の少額から取引ができ、毎日買ったり売ったりできる流動性の高いものになります。コロナ以降利下げされ、利回り的には魅力が薄くなっていますが、資産分散、資産防衛という観点から、預貯金の一部を振り分けるメリットは大きいと思います。

為替リスクについて

この米国債、もしくは米ドルなどでドルを持つと、為替の動きや円高、円安といったニュースが気になると思います。為替リスクについて、例えば1ドル100円で買ったものが90円になると10％損してしまう、と心配される方もおられます。

しかし、為替の価値とは相対的なものです。円高になって円の価値が上がってしまった場合、つまりドルの価値が下がってしまった場合は、ドルは使わずにそのまま持っておき、自分が持っている円を使えばいいのです。

そして円安になってドルの価値が上がった時には、ドルを使うようにします。ドルは、どこの国でも両替してもらえますので、旅行資金の際にドルを持って行って使うというのもよいでしょう。

海外の人から見ると、ドルを持つのはごく普通なことで、世界の基軸通貨であるドルがまずあって、円やユーロ、元も少し持っておくか、と言う考え方です。預貯金が中心、日本円が中心というのは、あくまでも日本人の発想です。ここはひとつ世界視点で物事を見て、日本円だけでなくドルを持っておくことが安心感にもつながると思います。

為替は日々変動しますが、株のように値段が下がりっぱなしで塩漬けになる、ということも考えにくい状況です。自分でタイミングをみながら、5年、10年、20年というスパンでドルを使ったり、円を使ったりと言う使い分けをしていただくことで為替リスクはコントロールできますので、ぜひ資産分散を始めていただきたいと思います。

ただし、短期資金、例えば1年後に車を買うための資金や、2年後の子供の進学資金というようなお金ではなく、最低でも3年、できれば5年以上先は置いておける余裕資金での運用をお勧めします。

なぜ証券会社が勧めてくれないのか？

「証券会社に口座を開いているけれども、米国債や米ドルの社債やＭＭＦの話は聞いたことがない」という方が大多数だと思います。

それは何故かと言うと、米国債や米ドルの社債やＭＭＦの販売は、ほとんど彼らの利益にはつながらないからです。一度売った時にわずかな販売手数料が入るだけで、その後、長期間に渡って管理をしても一銭にもなりません。ですから証券会社の方々は、仕事としては米国債やドルＭＭＦを顧客に勧めることはほとんどないのです。

4章

「生命保険」の見直しで支出を減らす

ライフプランニングを脅かす「4つのリスク」

ライフプランニングにおいては、次の4つのリスクについて考える必要があります。

①万一の死亡
②病気
③介護
④老後の長生き

この中でも特に大切なのは、④の老後の長生きリスクに備えることです。

統計データで見ると、100人中5人は、残念ながら60歳までに亡くなります。しかし95人は、60歳以降の老後人生を迎えます。95％の人が老後の長生きについて考える必要があるのです。

平均寿命の推移

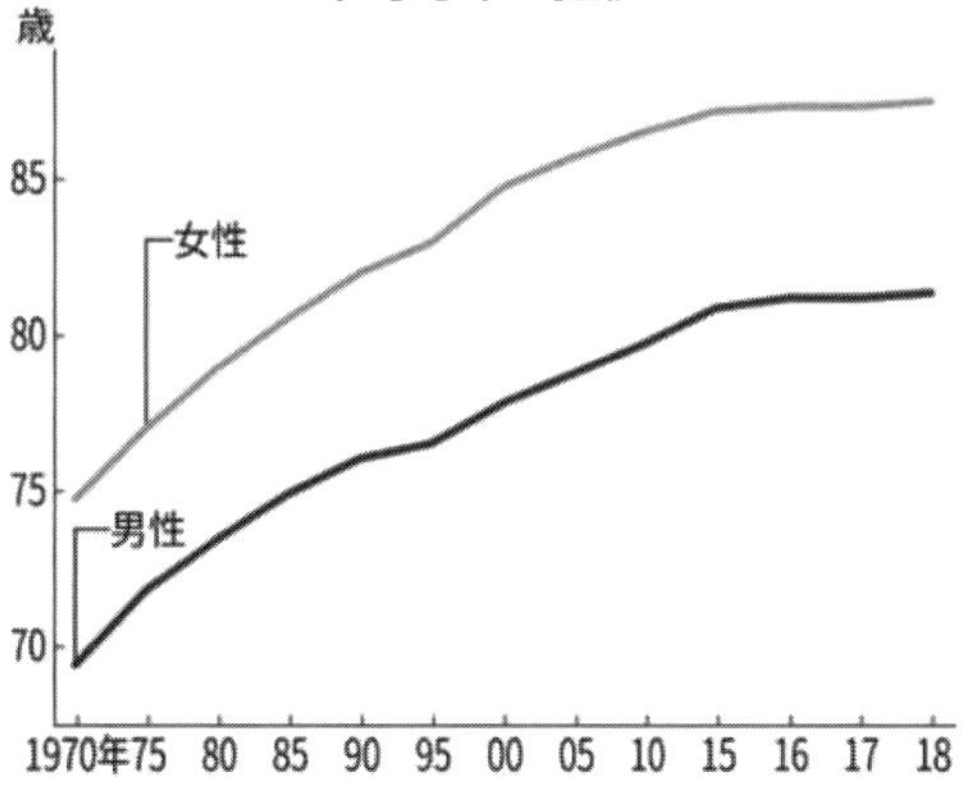

（注）1970年は沖縄県を覗く数値
（資料）日本経済新聞オンライン
https://www.nikkei.com/article/DGXMZO47950740Q9A730C1CR8000/

人生１００年時代と言われ、日本人の平均寿命は伸び続けています。２０１８年の日本人の平均寿命は女性が87・32歳、男性が81・25歳で、ともに過去最高を記録しています。

これ自体は喜ばしいことなのですが、問題は自立して生活できる年齢を指す「健康寿命」は、女性は74・79歳、男性は７２．１４歳と、平均寿命とは大きな開きがあるということです。

男女とも亡くなるまでの10年前後の期間は、病院や介護のお世話になりながら生きる可能性が高くなります。子供や孫に迷惑をかけないよう、心身の健康寿命を延ばすよう努力するだけではなく、自分の希望するサポートが受けられるよう、金銭面でも十分に備えておく必要があるでしょう。

私がお勧めしているのは、生命保険と証券を組み合わせたハイブリッド型の老後向け商品です。いくつか事例をご紹介します。

見直し事例1

個人事業主

Aさんは、43歳の個人事業者で、毎月11万円の保険料を払っています。

コロナ禍の影響で収入が減少しているので少しでも毎月の支払いは減らしたいが、老後の蓄えは増やしたい、というご要望でした。

個人事業主なので厚生年金はなく国民年金だけ。年金の予定額は年間70~80万円、月に5~6万円となります。老後の積み立て額は、70歳時点で約1千万円貯まっている予定でした。

【事例1】生命保険⇒生命保険&証券（資産運用）

見直し前　生命保険　毎月約11万円
⇒老後　70歳時点　積立予定額　約1,000万円

見直し後　生命保険　毎月約7万円
証券（資産運用）　毎月2万円
⇒老後　70歳時点　積立予定額　約2,000万円

【効果】毎月2万円減少、現金　約500万円
老後積立予定額　約1,000万円増加
（注）証券（資産運用）は年利回り3%で試算

私はAさんの生命保険の内容を見直して、生命保険を毎月7万円、資産運用の証券を毎月2万円、トータルで9万としました。そして、70歳時点では今の2倍の2千万円が貯まる計画にしました。

効果としては、毎月の支払いは2万円減少して、一部保険解約もしたので、現金が500万円増加。それでいて老後の積み立ては2千万円と倍増し、非常に喜んでいただけました。

なぜこんなことができるかといえば、証券による資産積み立てを加えたからです。一般的に老後の資産形成のための保険積立は、積み立て額と同額の100%から、せいぜい

1〜10%程度にしかなりません。利率でいえば、1〜2%です。そこに証券を組合わせると3〜4%の利率で回せるので、長期でみるとここまでの差になってくるのです。

見直し事例2

個人

資産形成においては、以下2点が大事です

①不用な支出を抑えて、将来の不確定な不安要素の見直しをする

②無理のない資産運用で積み立てをしていく

そしてその形成した資産をどう運用していくか。むしろ貯め方よりも活かし方の方が重要かもしれません。そのためには、老後も使うだけではなく、貯まったお金を運用していくことです。

十数年お付き合いさせていただいているお客様の例をご紹介します。

Bさんはちょうど60歳の時に退職されて、退職金とそれまでの貯金の5千万円をお

預かりして、運用のお手伝いをしています。

ご希望は、毎月の年金27万円プラス、資産運用で10～15万円を毎月加算したいということでした。株は変動リスクが大きいので、主に社債と米国債で運用させて頂きました。

運用利回りは低い時で3％くらい、5千万円だと年に150万円くらい利益が出ますが、税金を30万円支払って、手残りは年120万円、月にして10万円くらいです。多い時は年に200万円くらい手残りがありました。

昨年、運用開始から10年たって、一緒にお食事をしました。

「毎年海外旅行にもいき、家族と食事をして、子どもたちにお年玉も渡せて充実しています。本当に運用のおかげでありがたいですよ。なによりありがたいのは、元本が減っていないことです。これから先も安心だし、今後も続けていきたいです。70歳をすぎたので、今後は多少元本が減っても、多少贅沢な海外旅行に行くとか、もっと楽しみのために使っていきたいですね」

Bさんは、このようにおっしゃっていました。本当に喜んでいただき、私もとても嬉しかったです。

今の高齢者の多くは、現金預金しかしてないので、使えば使うほど、長生きすればするほど残高が減り、不安になる状態です。それではせっかく資産があっても、楽しい老後とはいえません。

Bさんのように、お金を使っても元本が維持できていれば、安心感がちがいます。老後資金は社債や国債で運用し、運用益を自分や家族の喜びに使ってもらえれば、日本経済のためにも、よい循環になると思います。

この話には後日談があります。会食後、「今後もよろしくお願いします」と満面の笑みでお帰りになったBさんでしたが、その後まもなく脳卒中で倒れ、残念ながらお亡くなりになりました。

奥さんは、必要な生活費は年金で賄っていたのでしょうか、全く運用のことは知らされてないご様子で、どういう財産で利回りはどうかなど、資金の中身は把握しておられませんでした。

「今後はどうなるのでしょうか」不安そうに聞かれたので、「月に10万円程度は運用益が出ます。遺族年金月17万円を足すと、毎月27万円くらいになります」というご説明をしました。

「月20万円あれば生活はできるので、それなら安心です。これから何十年あるかわからないけれど、将来子供にもその資産を相続できるし、とてもありがたいです」といわれました。

ご主人は楽しみにしておられた奥様との海外旅行にはいけませんでしたが、運用資産は奥さんに、そしてその後はお子さんに引き継がれます。社債や債券運用で得た、減らない資産運用はご家族の一生の安心になるなと実感しました。

今後も、一人でもそういう方が増えるお手伝いができれば嬉しいです。

見直し事例3

法人

法人のお客様の事例をご紹介します。

あるサービス業の法人様なのですが、ここ数年は既存事業の売上が低下し、経営改善のために取り組まれていた新規事業も軌道に乗らず、苦戦されておりました。そんな折にさらにコロナ禍の影響を受け、売上げは半減以下に。本当にお困りの状況で、ご相談にこられました。

お話をうかがい、私はこうご提案しました。

「万一の時に借入金の返済だけはできるよう、必要な死亡保障だけ掛け捨ての保険に加入して、その他はリセットしましょう。

将来の退職金積立分の生命保険、毎年1200万円の保険を全て解約することで、約5千万円の解約返戻金を事業資金に使えます。

【事例3】生命保険見直し（法人）

見直し前　生命保険　毎年　約1,200万円

見直し後　生命保険　毎年　約30万円

【効果】　毎年　保険料　約1,170万円削減
　　　　　現金　　　　　約5,000万円増加

今までの積立タイプの生命保険を全て解約。
最低限必要な経営者の万一の死亡保障1億円は
定期保険（掛け捨て）で対応。

毎年の保険料１２００万円を30万円に減らすことができるので、毎月の資金繰りも楽になります。」

それはありがたい、ということになり、既存の積立タイプの生命保険を全て解約させていただくと共に、掛け捨てタイプの定期保険の加入手続きをさせていただきました。

この時の注意点としては、必ず新しい保険の保障開始後に、既存の保険を解約することです。絶対に無保険の期間がないよう気を付けてください。

また、万一の際にご家族に迷惑がかからないよう、経営者が個人保証をしている借入金の返済額から生命保険の保険金額を考えるこ

とも重要です。

解約返戻金5千万円で当座のピンチを脱することができたようで、「積立タイプを解約して掛け捨てタイプに変更したことで、キャッシュフロー（お金の流れ）が良くなり、銀行からも評価されました。また業績が回復したらぜひ、あらためて積み立てをします。」

このように言っていただくことができました。

今は、毎月の支出を減らして、出来るだけ収支が合うように財務を改善しながら、コロナ禍が過ぎるのを耐える時期です。何とか事業を継続することに集中し、既存事業の回復と新規事業の立ち上げをぜひ成功させていただきたいと願っています。

ライフプランの作成

ライフプランを考えるときには、以下の3点をプランの軸にして、作成することが大事です。

1・何歳まで働くか、毎月いくらの収入を得るのか
2・老後に毎月いくら必要か
3・いくつまでお金を貯めることができるのか

世間を騒がせた年金2千万円問題。これは、老後年金だけで暮らす世帯では、生活費が2千万円も不足するという金融庁の報告書が発端でした。

なお、この報告書はあまりに反響が大きかったため、当時の麻生太郎金融相が受理を拒否し、報告書は撤回されてウヤムヤになってしまいました。しかしこれは、ファ

イナンシャルプランナーの私から見てもよく調べて書かれているものでした。

この「2千万円」の根拠となっているのは、総務省の統計による夫婦2名の年金の平均受給額が月額21万円のところ、生活費の平均は毎月26万4千円となっているので、月に約5〜6万円、寿命が80代後半とすると、合計で2千万円程度不足する、という試算です。


最初から老後資金2千万円を積み立てることはできませんが、まず1万円でも2万円でも積み立てをして、1千万円を貯める。そして、さらに余裕ができたらさらに2千万円を目指す、というように段階を経て、貯めて行くのが良いと思います。

前述の証券運用の補足をしますと、利回りが0％の場合、20年で2千万を貯めるためには、毎月8万4千円必要になります。1％だと毎月7万6千円。先ほどの想定利回り3％だと、毎月6万1千円で2千万円が貯まります。

運用0の場合と比べると、2万3千円も低い金額で同額を貯めることができるのです。これが5％になれば、毎月4万9千円で2千万が貯まります。いかに運用利回りを得るか、ということが重要になります。

2,000万円貯蓄するために（20年間で積立の場合）

運用利回り（複利）	毎月の積立額（概算）
0%	¥84,000
1%	¥76,000
3%	¥61,000
5%	¥49,000
7%	¥39,000

上記は、金融庁ホームページ　資産運用シミュレーションにて計算

2,000万円貯蓄するために（30年間で積立の場合）

運用利回り（複利）	毎月の積立額（概算）
0%	¥56,000
1%	¥48,000
3%	¥35,000
5%	¥25,000
7%	¥17,000

上記は、金融庁ホームページ　資産運用シミュレーションにて計算

高齢夫婦無職世帯の家計収支 －2017年－

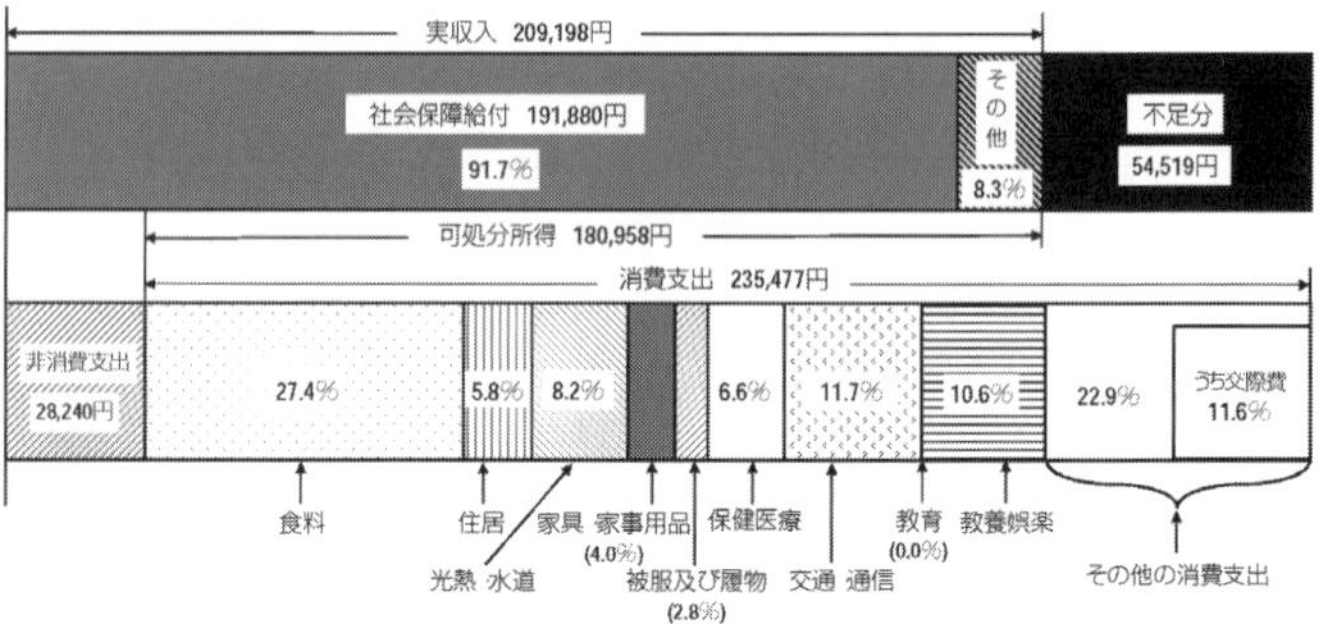

（注） 1 高齢夫婦無職世帯とは，夫65歳以上，妻60歳以上の夫婦のみの無職世帯である。
2 図中の「社会保障給付」及び「その他」の割合（%）は，実収入に占める割合である。
3 図中の「食料」から「その他の消費支出」までの割合（%）は，消費支出に占める割合である。

（資料）『総務省統計局（家計調査2017）』
https://www.stat.go.jp/data/kakei/2017np/gaikyo/index.html

そしてさらに若い人であれば、30歳の人であれば30年ありますから、この3％利回りのレバレッジ効果がさらに大きくなります。例えば、0％であれば、5万5千円。3％運用ができれば3万5千円です。仮に5％だと、毎月2万5千円積み立てるだけで、2千万円が貯まります。

皆さんが老後、どういう生活をしたいかによっても必要経費は変わります。もっと趣味や旅行などを楽しみたい、ゆとりがある生活を送りたいという場合は、約36万円ほど必要になると言われています（生命保険文化センター調べ／令和元年度）。

私のお客様でも、ご夫婦で海外旅行など

のゆとりのある老後をイメージしている方は、40万円規模の生活設計をされています。不足分を逆算して、ライフプランを作成してみてください。

生命保険の見直し

生命保険の見直しについて考えてみましょう。

今は掛け捨て型の定期保険と、積み立て型の終身保険の2つのタイプがありますので、使い分けが重要になります。

①掛け捨て型の定期保険

掛け捨て型の定期保険は、一定期間の保障しか得られません。

左図にあるように、60歳まで保障の場合は、60歳の誕生日を迎えた年で保障終了となります。これまで払い込んできた保険料の返戻金もありません。

その分掛け金が割安になっていますので、組み合わせて上手に使うとよいでしょう。

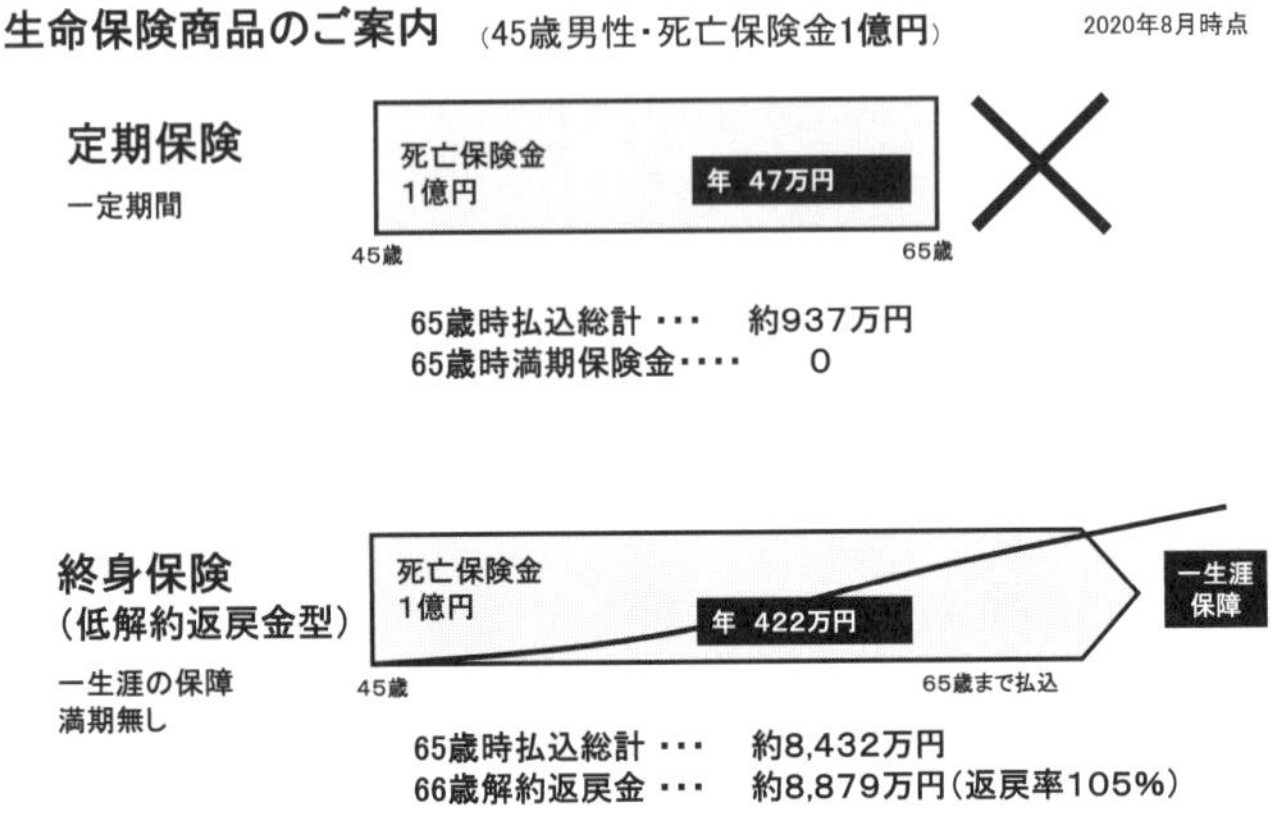

上記の定期保険の保険料は、某生命保険会社の定期保険（標準体）での試算です。
上記の終身保険（低解約返戻金型）は、別表の某生命保険会社Dの終身保険（標準体）での試算です。

②積み立て型の終身保険

これは亡くなったときに支払われる保険なので、いつかはご遺族が100%受け取ることができます。お葬式代やお墓代はこの終身保険で準備することをお勧めしています。

たとえば、預貯金の場合、500万円必要だとそのまま現金で置いておく必要がありますが、それを保険にすると、年齢や性別によっても変わりますが、現金300万円を500万円の終身保険に切り替えることが可能です。

この終身保険をうまく活用することがポイントなのですが、私は利回りの低い円建てよりも、ドル建て終身保険での運用をお勧めしています。

円建ての終身保険の場合：1億円の保障、45歳の人が20年支払う場合
トータル支払額・8400万円
預貯金で置いておくよりは良いですが・・・。

ドル建ての場合：1億円の保障、45歳の人が20年支払う場合
トータル支払額・円換算で6000万円
2400万円もの差になります。為替のリスクはありますが、ドルのほうが断然効率が良いといえます。

もう一つ考えておくべきことがあります。1980年代までは、どこの会社の保険でも、定期・掛け捨て共に大差はありませんでした。加入する会社が日本生命でも住友でも第一生命でも、どこでも同じだったのです。

今は時代が変わり、各保険会社はそれぞれ得意分野があります。医療保険が得意な

会社、終身保険が得意、円建てが得意など、ニーズに合わせて選択するべきです。

この表は、1億円の終身保険に入るときの保険料の比較です。

保険料比較（終身保険　1億円、65歳払済、男性45歳）　2020年8月時点

保険会社	年払保険料	保険料累計
A社　ドル建積立利率変動終身保険	¥3,419,400	6,839万円
B社　ドル建終身保険	¥3,011,200	6,023万円
B社　積立利率変動終身保険	¥4,604,400	9,209万円
B社　変額終身保険	¥4,505,000	9,010万円
C社　終身保険	¥5,385,800	10,772万円
D社　終身保険（低解約返戻金型）非喫煙体	¥3,915,838	7,832万円
D社　終身保険（低解約返戻金型）標準体（喫煙体）	¥4,215,838	8,432万円

このように、選択する会社により大きく保険料金が変わってきます。B社とC社では、最終的に倍近く保険料負担に差がついているのです。人生の三大支出は教育費、住宅費、生命保険だと言われます。専門家に相談して自分にとって一番有利な商品を選んでください。

終身生命保険のメリットの一つに、受取人が指定でき、事前にそれぞれにいくら渡すか決めておくことができる、ということがあります。

ご主人が終身保険に入るときには、奥さんを受取人に指定されることがほとんどです。

先日も500万円の終身保険に入っておられる方が突然亡くなられて、奥さんが受取人になっていました。

ご主人のお葬式やお墓の費用など、1年にわたる費用をその保険金で賄うことができました。奥さんはご主人が保険に入っていたことも知らなかったようで、とても感謝をされました。このように愛情を直接相手に渡せるのが終身保険です。

一方、奥さんの場合は、なぜかご主人ではなく「お子さんに渡したい」といわれる方がほとんどです（笑）。その場合でも、お子さんが複数いる場合は誰にいくら、と指定した人に指定した金額を届けることができます。

預貯金や証券は、残念ながら受取人指定がないので、相続人が相続について話し合って決める必要があります。そのため、せっかく残した遺産のために兄弟や親子が争い、相続から争族になるという悲しいケースも多いのです。

終身保険は確実に100％届けられるお金です。ご主人から奥さんへ、奥さんからお子さんへと、愛が循環するように思えますので、上手にご活用ください。

相続税対策にも終身保険

1億円に相続税50%が課税されても
1億円が残せる方法があったら‥‥
（相続税率50%の場合の概念図）

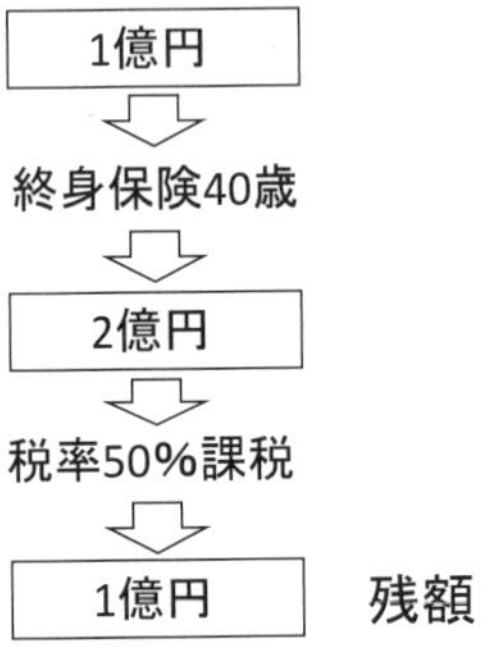

加入時の年齢にもよるのですが、終身保険の中には、払ったお金に対して2倍の保険金が貰えるという商品もあります。

相続税は、資産に応じて税率が高くなります。わかりやすく簡略化してご説明しますと、相続税率50%の人が、現金で1億円を持っている場合、相続税50%を払うと5千万円しか家族にすことができません。

しかしうまく終身保険を活用することで、1億円の資産を残すことができるのです。

5章

「円建て」の最終兵器
〜日本一の投資信託〜

投資信託とは

「投資信託（ファンド）」とは、投資家から集めたお金を、運用の専門家であるファンドマネージャーが株式や債券などに分散投資・運用する金融商品です。運用成果は、投資家それぞれの投資額に応じて分配される仕組みになっています。

投資信託ごとに、どのような投資方針や投資対象であるかが決まっており、詳細は目論見書で確認することができます。分配金を毎月、毎年などの決められた期限ごとに得るか、分配金を受け取らず再投資するかなども様々なタイプがありますので選択可能です。

投資信託の運用成績は市場環境などによって変動し、基準価額は日々変動します。運用成績によっては予定されていた分配金が増減することもあります。

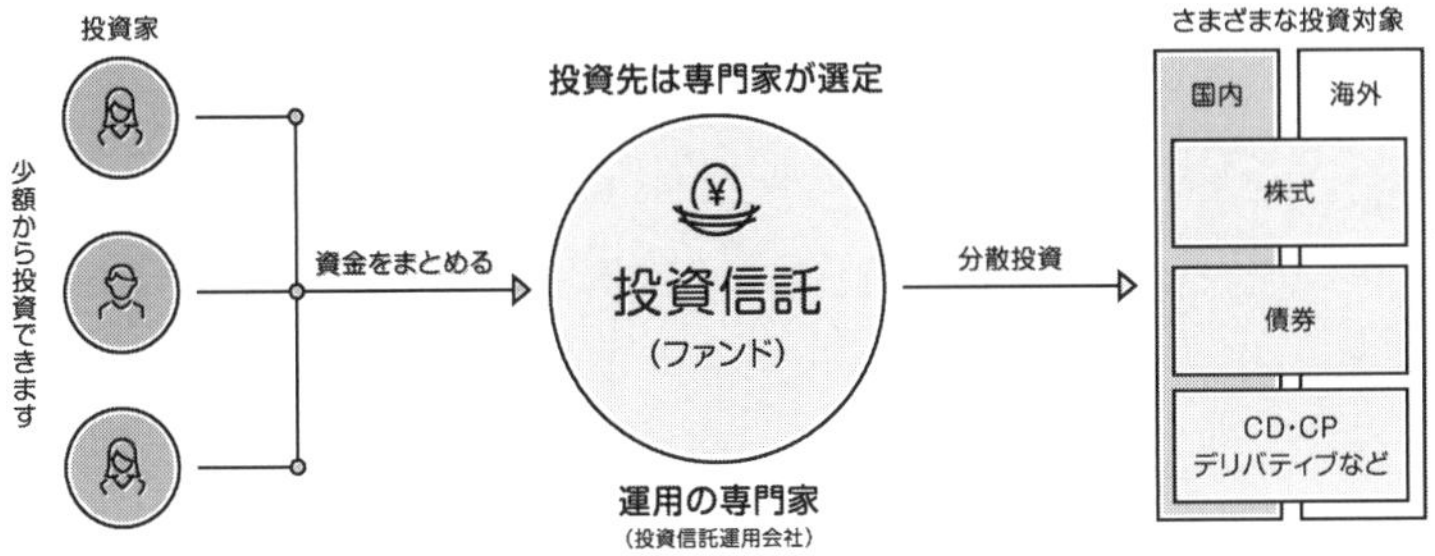

（資料）『（社）投資信託協会ホームページ』より
https://www.toushin.or.jp/investmenttrust/about/what/

投資信託の利点としては、通常、複数の銘柄や資産を投資対象としてパッケージ化しているため、自動的に分散投資ができることです。

中には「ファンド・オブ・ファンズ」と呼ばれる投資信託やETFをさらにいくつか組み合わせて一つの投資信託として運用しているものもあり、個人ではできないレベルの細かい分散投資も可能です。小口化されているので比較的少額から気軽に購入でき、毎月の積み立て購入も可能です。

日本一の投資信託
「あい・パワーファンド」

私は今まで、投資信託はあまりお客様にご紹介してきませんでした。それというのも、先述したようにリーマンショックの際には、日本で公募されている投資信託3千本以上の中から厳選に厳選を重ねた5本のファンドが、株式型、債券型などに分散していたにもかかわらず、全て下落してしまったからです。

これ以来、お客様の資産を損なう可能性のある商品は極力避け、米国債や社債などより安全な投資へと舵を切ったきっかけにもなりました。

そんな私が、現在唯一推薦させていただいている、「日本一」の投資信託があります。「あい・パワーファンド」です。

あいグローバル・アセット・マネジメント株式会社情報提供資料より

あいグローバル・アセット・マネジメント株式会社　2020年 7月15日 情報提供資料 IT500028LE200715C

直近1年間、直近6ヵ月間における シャープレシオ・ランキング 第1位

あい・パワーファンド

一般社団法人 投資信託協会「投信総合検索ライブラリー」5,768ファンド中 第1位（2020年7月15日現在）

Risk	Return	Sharpe Ratio
リスク	リターン	シャープレシオ
0.52%	3.56%	6.81
直近1年間の月次ベースによる標準偏差(ボラティリティ)で、騰落のぶれ幅の大きさを示します	直近1年間の収益率(騰落率)を表しています	リスクに対してどれだけの超過リターンを得られたか、運用の効率性を示す指標です

※超過リターン＝〈ファンドのリターン〉－〈リスクフリーレート〉

■日本の公募投資信託の2020年6月末までの月次データを基に算出した各種ランキングが、投資信託協会のWEBサイトに掲出されました。あい・パワーファンドの直近1年間の数値を見ると、騰落率3.56％に比して、リスクは0.52％と低く、結果、高いシャープレシオとなりました。引き続き、あい・パワーファンドが目指す、低リスク・安定リターン運用にご注目ください。

※一般社団法人 投資信託協会が当ファンドを推奨するものではありません。

コロナショックにも影響されない安定運用

iパワーの運用は、2020年2月下旬からのコロナショックの影響を受けることなく、堅調に推移してまいりました。

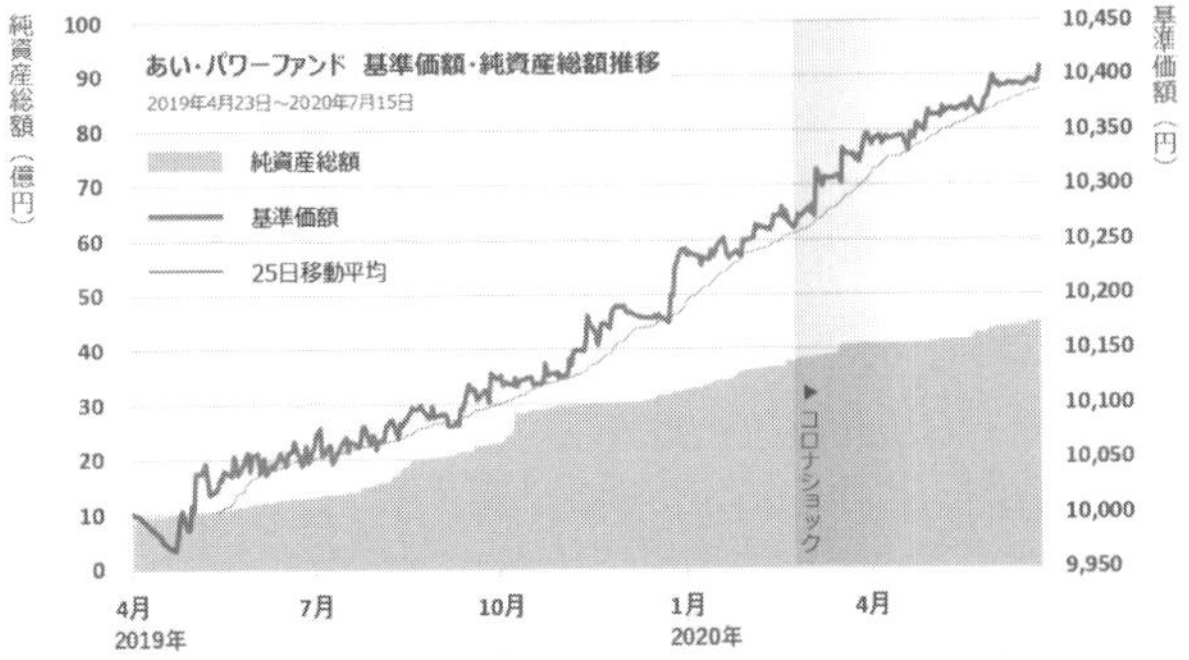

■25日移動平均線は、過去25営業日(およそ1か月間)の基準価額の単純平均をグラフにしたもので、将来の運用成果等を示唆または保証するものではありません。
■本資料はあいグローバル・アセット・マネジメント株式会社が信頼できると判断した情報をもとに作成した資料であり、関連法令・協会規則等に基づく開示資料ではありません。■また、情報の完全性、正確性、および将来の運用成果等を示唆または保証するものではありません。本資料のいかなる部分も一切の権利はあいグローバル・アセット・マネジメント株式会社に帰属しております。■電子的または機械的な方法を問わず、いかなる目的であれ、無断で転用・複製・転載等をすることはできません。
■投資信託をご購入の場合は、販売会社よりお渡しする最新の投資信託説明書（交付目論見書）の内容を必ずご確認のうえ、ご自身でご判断ください。

シャープレシオとは？

シャープレシオは、投資商品を選ぶ際の指標の1つで、米経済学者であるウィリアム・シャープ氏が考案しました。投資のリスクの大きさに比べてどれだけの超過リターン(収益率)を得られたか、運用効率の高さを示します。

どこが日本一かというと、投資のリスクの大きさに比べてどれだけの超過リターン（収益率）を得られたかを示す「シャープレシオ」という指標があるのですが、この投資信託「あい・パワーファンド」は、投資信託協会のシャープレシオのランキング（期間1年または6ヶ月）で、数か月一位をキープしているのです。

前頁のグラフを見るとおわかりのように、毎月少しずつ基準価額が上昇しています。株や為替の影響を受けていないばかりか、コロナショックの時も影響を受けていません。

十数年にわたって、運用先について色々調べていますが、円建ての投資信託で、これほど安定している動きのファンドは珍しいです。

逆に急な上昇もしないので株のような面白さはありませんが、3〜5%くらいの安定的な利回りが期待できるという点では、理想的なところです。

円建てで為替リスクがほとんどないという点でも、初心者でも取り組みやすい投資信託ではないでしょうか。

なお、「あい・パワーファンド」のデメリットとしては、まず運用会社等に支払う手数料が高く、普通の信託報酬の2倍くらいあります。しかしそれを支払っても、実質利回りが3～5％出ています。

日本一の投資信託の運用システム

ではなぜ、この「あい・パワーファンド」が安定的に利回り3～5％を達成できているのか、『あいグローバル・アセット・マネジメント株式会社情報提供資料』より抜粋して簡単にご説明します。

「あい・パワーファンド」はファンド・オブ・ファンズであり、主にケイマン籍の外国投資信託証券［Spectra SPC - Powerfund JP Segregated Portfolio］（以下PFJP）に投資します。

PFJPはプライムブローカーを通じて、為替スポットの裁定取引を行います。それぞれの地域において、数々の為替業者がそれぞれ提示する為替レートをシステムが24時間モニターし、瞬時に収益が確定する為替レートの組み合わせ（買値と売値）を見い出し、同単位・同時に売買発注をします。

金融業界ではこれを「裁定取引」（アービトラージ）と呼んでいますが、瞬間的に損益確定させてしまう戦略は珍しいといえます。

通常の投資信託は、株や米国債、社債などに投資するのですが、この投資信託はそれとは違い、裁定取引という投資手法を用いたものになります。

裁定取引はアービトラージともいい、「安い方を買って高い方を売る」取引を同時に成立させて、小さな利益を得て、それを積み重ねていくというような取引手法です。この投資信託では、為替レートの価格差を収益の源泉としています。

例えば、日本市場では1ドルが１１０円、海外市場では1ドルが１０９円だとします。その場合、海外市場でドルを１０９円で買い、日本市場で１１０円で売れば1円の差益が得られます。実際には１円も価格差が開くことはなく数銭の世界ですが、世

為替スポットの裁定取引戦略とは

外国為替のスポット取引では、同じ時刻・同じ通貨ペア（例えば米ドル／円）で、
為替業者それぞれによって顧客に提示される為替スポットレートに相違が出現することがあります。

<u>この価格差を捉えて瞬時に裁定取引を行います。</u>

裁定取引とは、資産間で本来価値が同一であるにもかかわらず、何らかの事情で価格差が生じている金融資産の売買により、収益を生み出す取引のことをいいます。株式、債券、為替、不動産など、マーケットの方向性に影響を受けずに運用することができます。

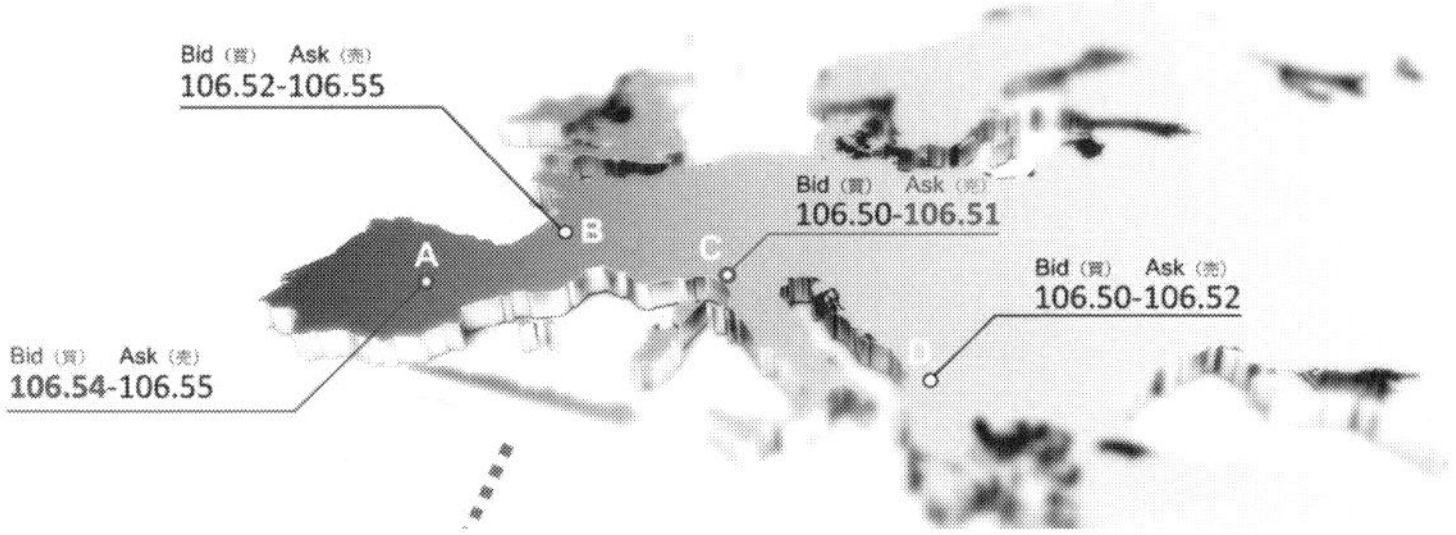

～あいグローバル・アセット・マネジメント株式会社情報提供資料より

スポット裁定取引イメージ

取引対象（銘柄）	為替業者	業者の買提示価格	業者の売提示価格
米ドル－円 スポット	A	106.54	106.55
米ドル－円 スポット	B	106.52	106.55
米ドル－円 スポット	C	106.50	106.51
米ドル－円 スポット	D	106.50	106.52

取引対象（銘柄）	為替業者	業者の買提示価格	業者の売提示価格
米ドル－円 スポット	A	106.54	
		売り注文	
米ドル－円 スポット	C		106.51
			買い注文

米ドル－円 スポット	売り約定	106.54円
米ドル－円 スポット	買い約定	106.51円

価格差固定	0.03円

利益確定

- 当資料は、投資判断の参考として投資一般に関する情報提供を目的としてFPL証券が作成した資料であり、お申込に当たっては必ず外国証券情報、契約締結前交付書面をご覧の上、ご自身でご判断ください。内容は作成日当日のものであり、将来予告なく変更されることがあります。
- 当資料は信頼できると考えられる情報に基づき作成しておりますが、その正確性、完全性を保証するものではありません。当資料に掲載された図表等の内容は、将来の運用成果や市場環境の変動等を示唆、保証するものではありません。
- 金融商品への投資は商品ごとにご負担いただく手数料及び諸費用が異なります。投資商品の運用の損益は、全て投資家の皆様に帰属します。投資のご検討あるいは実際の投資の際には、必ず契約締結前書面、交付目論見書等で、リスク及び手数料等を十分にご確認の上、ご自身でご判断ください。

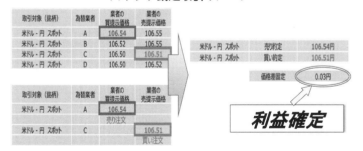

界中の市場でわずかな価格差を利用して、円とドル、ユーロとドルなど様々な通貨ペアで取引を行います。

前頁のスポット裁定取引のイメージ図でいえば、106円51銭で買って、106円54銭で売る。そこで3銭の利益が出るという、本当に小さな利益をコツコツ積み重ねる手法です。これをコンピュータで、世界中の市場で24時間、差が出れば瞬時に売りと買いを同時にかけることで運用しているのです。

ただし、残念ながらこの投資信託は、供給量が限られています。先にご説明したように、市場間のわずかな差益を狙って儲ける投資信託なので、差をとる機会と扱い額のバランスが良くないと、運用できなくなるのです。現在のところ信託金の限度額は、1000億円に設定されています。

ニッチな隙間商品で限られた方だけにチャンスのある投資信託です。

当社が提携している国内の証券会社でご購入いただけますので、ご興味のある方は、ぜひお気軽にお問合せいただければと思います。

前章で保険プラス証券のハイブリッド運用のお話をしましたが、このような投資信託を活用すれば、効率よく2千万円を貯めることができます。

例えば、30年で3％運用の場合、毎月3万5千円の積み立てで2千万円を準備することができます。20年間3％の場合は、毎月6万1千円で2千万円です。

預貯金だけなら無理でも、投資信託を組み合わせることでこれが可能になりますので、少しでも利回りを得ていくことが重要です。

6章

揺るがない経営を目指す、資産の築き方とは？

～コロナ禍でも盤石不動の資産家経営者と、四苦八苦する赤字経営者～

コロナ禍でも揺るがない、資産家経営者の財務諸表とは？

コロナ禍に見舞われ、多くの企業が何かしらのマイナスな影響は避けられない状況です。四苦八苦されている赤字経営者の方が多い中、少数ではありますが盤石不動な揺らがない経営を続けている経営者の方もいらっしゃいます。

なぜそのような経営が可能なのか？

一言でいえば、資産をお持ちで、その資産からの収入が経営を下支えしてくれているからです。

多くは不動産や複数の会社のオーナーという立場で、不動産収入や会社の株の配当金が収入源となっています。

このような方々を、私は「資産家経営者」と呼んでいます。

資産家経営者の財務諸表

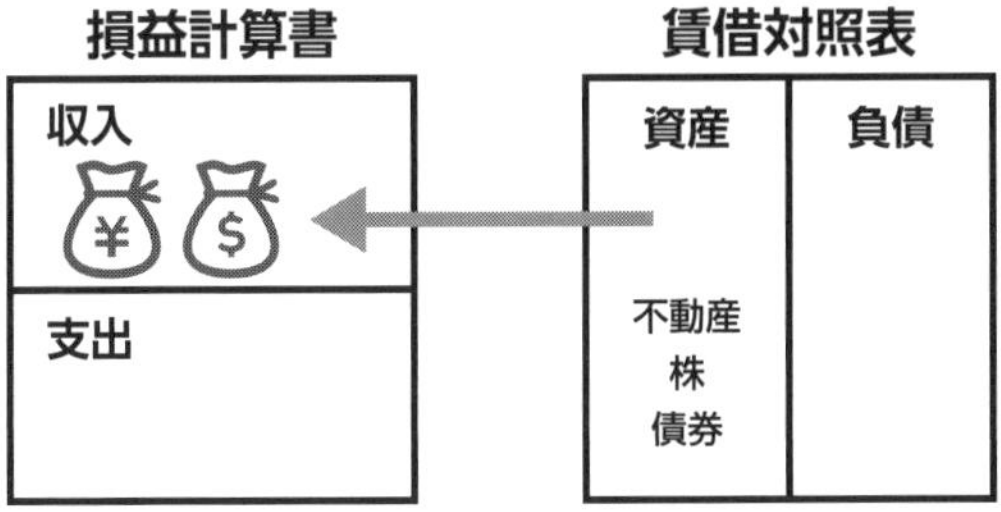

黒字経営者の財務諸表

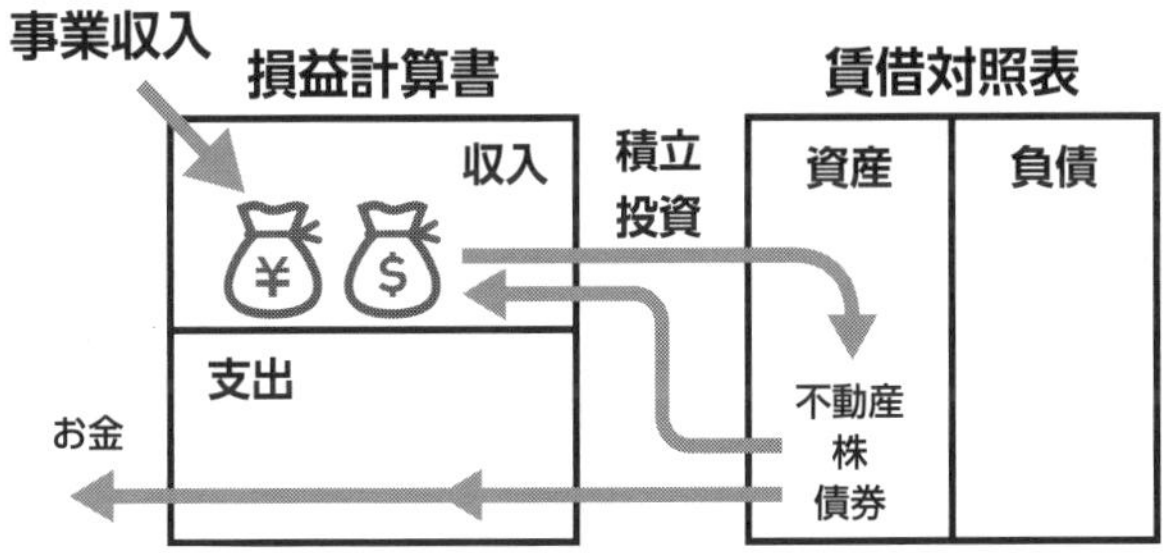

資産家経営者の財務状況とは、どのような状態なのか財務諸表で考えてみましょう。

前頁の上の図のように、資産からの収入が入ってきて、この収入を使わなくても業務が回るような、余裕のある経営状態です。

次に、「資産家経営者」ほどの余裕はなくても、資産からの収入を増やしつつ健全経営を続けておられる「黒字経営者」の方々の財務諸表をご紹介します。

「黒字経営者」の方は、皆さんの周りにも多いのではないでしょうか。

不動産や株、債券などの資産をお持ちで、事業収入以外にも資産からの収入があるという状態です。

毎月貯金や積み立て、株やドルの債券を買うなど「資産」になるものに投資することによって、次第に資産から得られる収入が増え、資産家経営者の財務諸表に近づいていきます。

資産家経営者・黒字経営者の損益計算書とは？

次に、損益計算書です。損益計算書とは、一定期間の収入と支出の状態を一覧にまとめた表です。出ていくお金の中には、経費や消費の部分（税金・家賃・人件費・交通費など）と、貯蓄や投資の部分（株・債券・不動産など）があります。毎月の支

資産家経営者の損益計算書

損益計算書

収入	【不労所得】 （株・債券・不動産・不労所得となるビジネスからの所得）
支出	【投資】 （株・債券・不動産投資）
	【浪費＋消費】 （税金・家賃・食費・交通費・衣料費・交際費等）

黒字経営者の損益計算書

損益計算書

収入	【事業所得】
	【不労所得】 （株・債券・不動産・不労所得となるビジネスからの所得）
支出	【投資】 （株・債券・不動産投資）
	【経費＋消費】 （税金・家賃・人件費・交通費・通信費・交際費等）

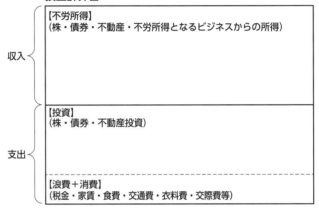

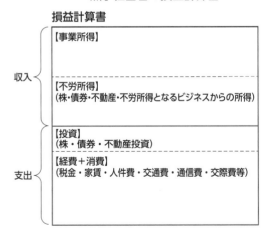

出の無駄を減らし、できるだけ貯蓄や投資へ振り分けることが資産家経営者への第一歩になります。

赤字経営者の財務諸表と損益計算書

次にご紹介するのは、コロナ禍で苦境に陥っている赤字経営者に多く見られる、財務諸表と損益計算書です。

特徴は、入ってきた事業収入と毎月の支出にほとんど差がなく、内部留保ができていないことです。経営者の場合は事業収入が減っても給料や家賃などすぐに減らせない経費がありますので、経営が悪化するとあっという間に赤字経営に陥ってしまいます。

例えば、毎月500万円の事業収入に対して、経費＋消費も500万円。けして無駄遣いはしていないつもりでも、税金、家賃、人件費、交際費や交通費などで、いつのまにか全部消えてしまう・・・。

これが赤字経営者の毎年の損益計算書のパターンです。

赤字経営者の財務諸表

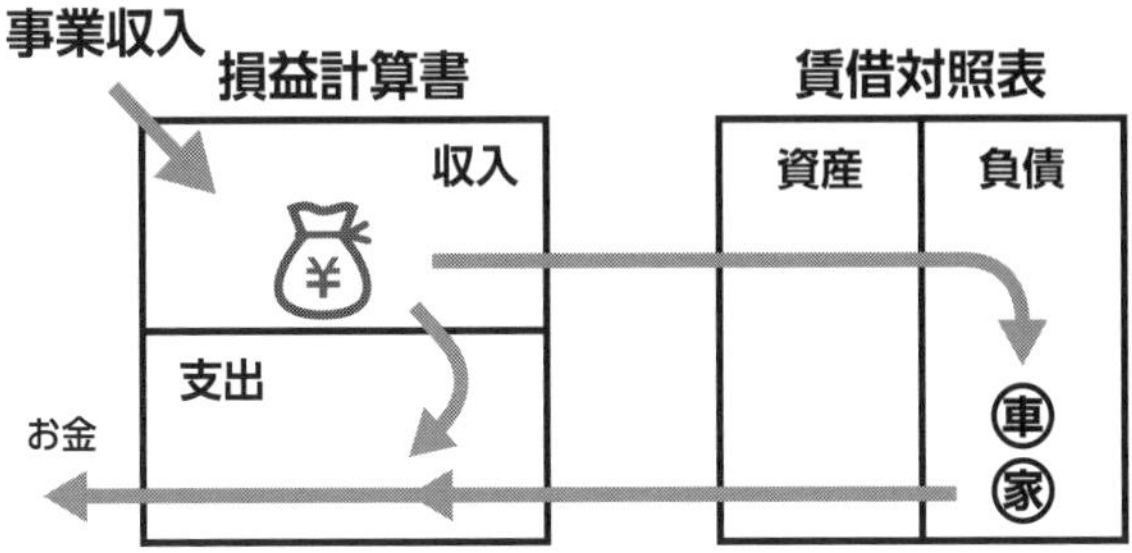

赤字経営者の損益計算書

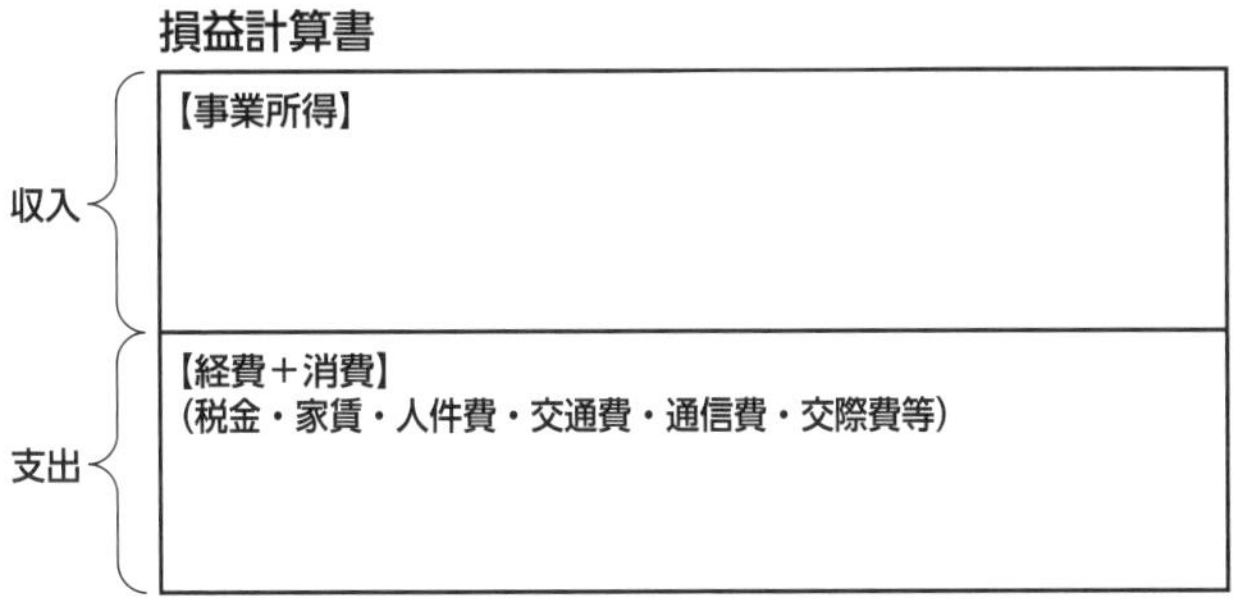

ですから図の「資産」というところにお金が全く入っていきません。これではいくら事業売上を上げても、資産は増えていきません。

黒字経営者になるためには、まずお金の使い方を考える必要があります。最初に、「資産」を意識することから始めることです。「資産」とは、株・債券・不動産などの配当や利子や家賃、あるいは売却時の差益などで、あなたに収入をもたらしてくれるものです。

そしてそこに対して毎月かならず少しでも投資する、積み立てをするなどして資産を増やす道筋をつけていきます。そして資産からの収入をまた投資することにより、さらに資産が増えていくことになります。

先程の赤字経営者の財務諸表は、事業売上が少ないほど陥りがちなパターンですが、では事業売上が多ければ大丈夫かといえば、そうでもありません。

今回のコロナ禍のように急激に売り上げが落ち込む事態になれば、内部留保や資産がない経営者は、すぐに家賃や人件費などの支払いに窮することになります。

結論から言えば、事業売上がいくら多くても、経費や消費も多ければすぐに赤字経営者に転落してしまうのです。その状態から一歩抜け出して、黒字経営者、資産家経営者の道へ進んでいこうとするのならば、どこかで財務諸表の軌道を変えていく必要があります。

最初の一歩は小さくとも、継続すれば大きな道筋になっていきます。

無理をしない範囲でかまいませんので、まずは資産をつくる意識づくりをしていきましょう。

そして資産からの収入が増えると、コロナ禍のような不測の緊急事態に対しても揺らがない経営基盤ができるのです。この状態になった方が、資産家大家さんといわれる方々なのです。

ここが違う、資産家経営者の「働き方」

次に紹介するのは「金持ち父さん・貧乏父さん」のロバート・キヨサキ氏がよく言

われる、いわゆる4つのキャッシュフローのクワドラントです。
ものすごく簡単に言いますと、お金を得るための労働形態の分類です。

多くの方は、このEというところからスタートします。まずは、会社などに所属して従業員として働いて給料を得るということです。

従業員で成功した場合、次はSに向かうことが多いです。独立して起業をし、経営者になります。自分が働いたら、それ以上の対価がもらえる！ という思いで経営者になっていくのです。

本書の読者である、経営者の皆様の多くは、ここにいる状態です。

そしてここからは資産家経営者の労働形態となります。

Bは、ビジネスオーナーです。文字通りオーナーなので、経営者や社長ではなくて、株を持って出資している立場となります。ですから収入は給料や売上だけでなく、配当などが入ってきます。

資産家経営者となってくると、このBとかIの人でほぼ構成されています。

あなたはどのグループでしょうか？

資産家経営者へのステップ

ここからは、資産家経営者へ近づいていくためのステップをご説明していきます。具体的には、どうお金を使っていくかがポイントになります。

事業がうまく回り出すと、経営者にはサラリーマンの比ではないお金が入ってきます。付き合いも広がり、生活も派手になりがちです。

収入に応じて税金も増えますので「税金で持っていかれるくらいなら」と、高額な車やマンションなど、高額な消費に走る経営者も多いのです。

しかし油断は禁物。余裕がある時こそ、浪費ではなく資産形成を意識してお金を使いましょう。資産というポイントにお金を使っていく、いわゆる投資をするところからスタートしていきます。

資産を構築するステップ

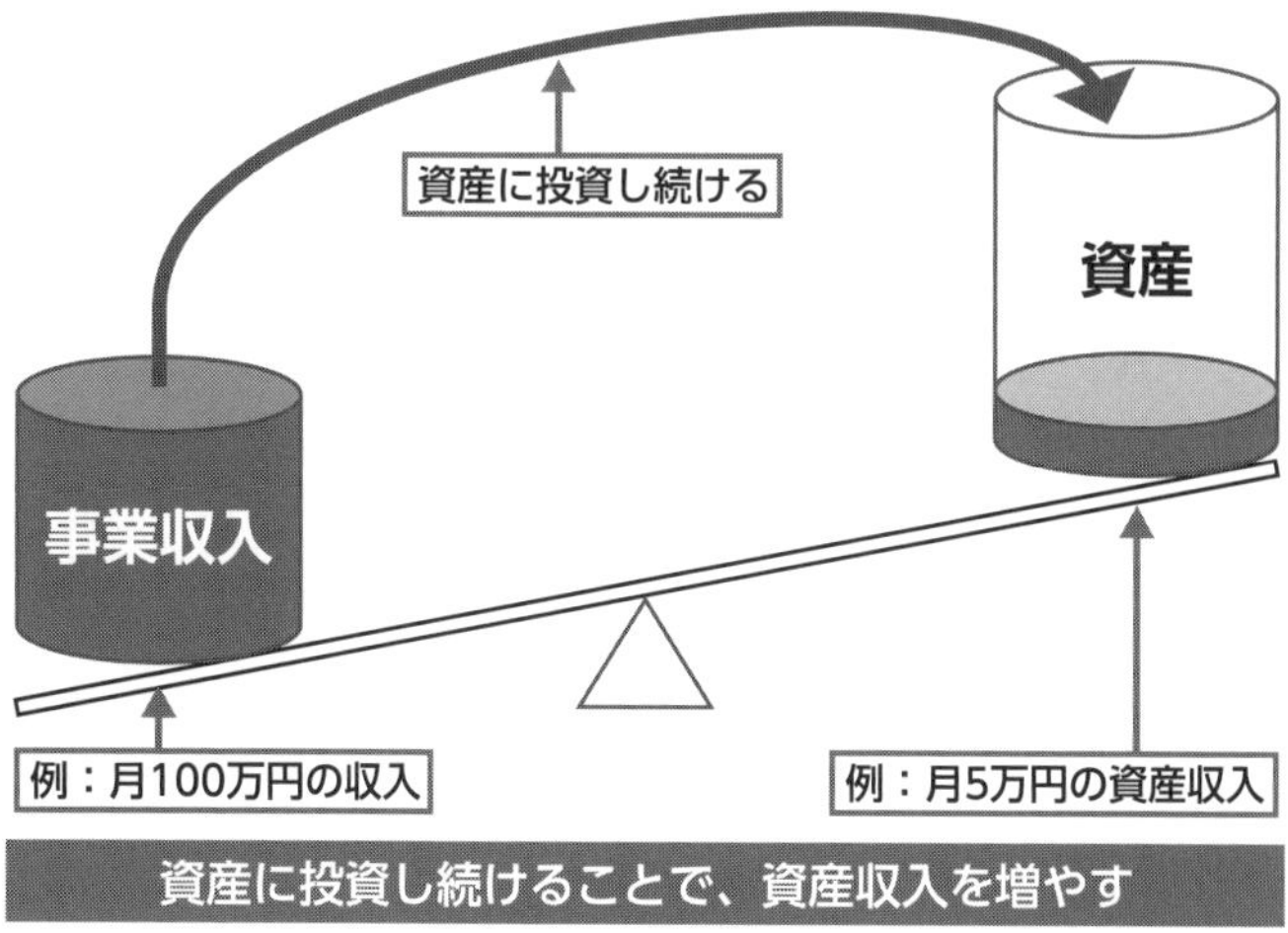
資産に投資し続ける
資産
事業収入
例：月100万円の収入
例：月5万円の資産収入
資産に投資し続けることで、資産収入を増やす

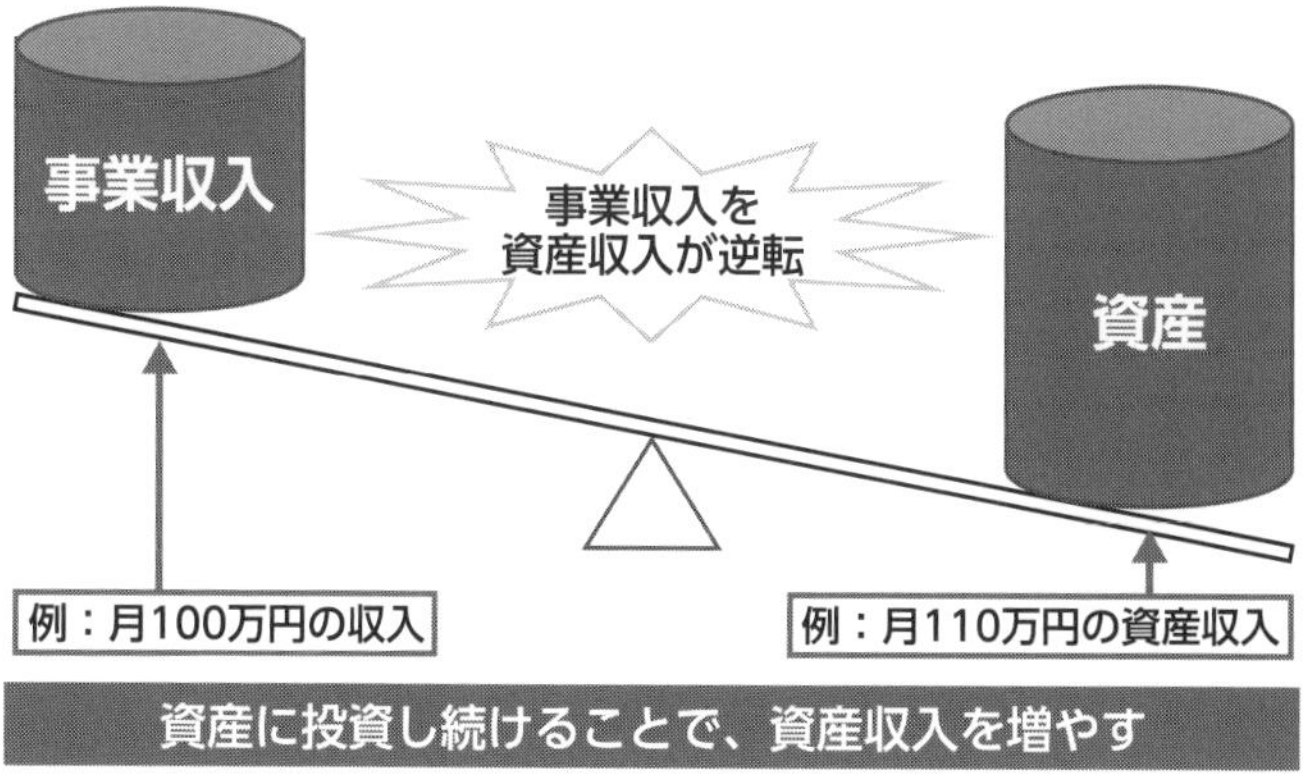
事業収入
事業収入を
資産収入が逆転
資産
例：月100万円の収入
例：月110万円の資産収入
資産に投資し続けることで、資産収入を増やす

そして少し年月がかかるでしょうが、順調に資産が増えていった場合、どこかの時点で事業収入と資産からの収入が肩を並べ、場合によっては超えるようになってきます。ここまで来ると本業というメインの動力の他に、サブの動力があるようなもので、いざという時には資産からの収入で本業の落ち込みをフォローすることができます。

経営者が抱える、毎月の支払いのストレスやプレッシャーはとても大きいものです。資産からの収入があれば、経営は安定し、精神的にもゆとりが生まれます。

実例！資産家経営者と赤字経営者の違いとは？

ここからは、私がいままでにお会いした驚くべき資産家経営者の方と、残念ながら赤字になってしまっている経営者の方の実例をご紹介させて頂きます。

・**誰よりも人生を謳歌されているS社長**

まず一人目にご紹介するのは、S社長です。私の知る限り、こんなに人生を楽しんでいる経営者の方は他にいらっしゃいません。

お金の自由、時間の自由はもちろん、いつも素敵な仲間、笑顔に囲まれて、老若男女の皆さんに大人気な方です。

このS社長は、5人の社長を育て、会社を分社化しています。つまり、自分の会社をのれん分けして、5人の社長に活躍してもらうことによって、この会社全体の売り上げがさらに伸びて、利益も増えているのです。

このS社長がすごいのは、「人生をいかに楽しむか」ということを明確に生活の中心においていることです。

50歳で実質上のセミリタイアをして、今は半分遊んで半分仕事をするスタイル。毎月バンコクなどにゴルフに行かれていますし、日本にいる時も大体週に3、4日はゴルフにいき、ゆっくり人生を楽しむ、そんな悠々自適な生活をされています。

しかもただ自分が楽しむだけではなく、同時に、目の前の人をどうやって楽しませるか、どうやって喜ばせるか、どうやって面白い事を言って笑わせるか、ということを常に考えて行動されている、そんな社長さんです。

社員さんも非常に大事にされていて、古い社員さんを何年もかかって社長に育てあげたり、日本にいる時には毎日社員さんとウォーキングをして悩みを聞いてあげたりと、本当に一人一人の社員さんと向き合って、細やかな対応をされています。

結構厳しい事も言われるのですが、それは本当に社員さんを愛し、その幸せを考えているから。それが伝わっているからこそ、社員さんの方からも愛されて慕われているのでしょう。

S社長はもちろん退職金もたくさん準備しておられますし、不動産収入もありますので、今社長を辞めても全く生活には困りません。

しっかりした経済的基盤があるからこそ、早期にセミリタイアし悠悠自適な人生を楽しんでいらっしゃるのです。

・高い志と素直な行動力のB社長

次にお二人目です。こちらのB社長は現在60歳くらいですが、「70歳までは現役」と公言し、現役で頑張っておられます。

高い志と素直な行動力を持っておられて、社員さんやお客さんはもちろん、ご縁のあった人、出会った方、目の前の方々のお役に立つこと、というのをいつも実践されている素晴らしい方です。

B社長は「日本一の会社を作る」という高い理念を掲げて、奥様と一緒に自宅の一室で創業し、事業をスタートされました。奥様が専務、ご主人が社長としてご夫婦でずっと会社を育てあげ、今や滋賀県を代表する会社になっています。

事業一本でやってきて、不動産投資や株式といった投資はしていないのですが、事業を発展させたところで自分自身の役員報酬を増やし、個人の資産と会社の資産を作っておられます。

いつリタイヤしても金銭的には全く困らない状況ですが、仕事が大好きで生きがいでもあるということで、100億円以上の売り上げを目指し、もっともっと社会に貢献できる会社にしたいという夢に向かって邁進中です。

・利益額日本一の歯医者さん　医療法人理事長

三人目にご紹介するのは、医療法人の理事長の方です。歯医者さんで、矯正歯科としては「矯正の件数日本一」を誇る繁盛院です。

この方も、奥様と一緒に一軒の歯医者さんの開業からスタートし、勤務医を採用して分院で病院を増やし、どんどん拡大していかれて、現在は矯正日本一、加えて歯医者さんとしての利益額でも、日本一を実現されています。

たくさん勤務医の方がいらっしゃるので、もうご自分が働かなくても医院の仕事は回るのですが、今も週に4日くらいはご自身で治療もされており、常に自分が先頭になって専門知識や最新の治療技術を学びながら、日々研鑽を積んでおられます。

こちらの方も、やはり非常に社員さんを大切にされています。お給料を高くして働きやすい環境を作り、社員満足度、そして顧客満足度を徹底的に追及されています。

先日も社員さんも連れて、スイスにまで学びに行かれたそうです。
だからこそ、現在の繁盛につながっているといえるでしょう。

・コツコツ積み上げて全国展開　振袖店のA社長

それから、最後に挙げさせていただくのはA社長です。
A社長は振袖店の社長さんで、今は関西、大阪、神戸、京都など関西全域に出店されています。社員さんを家族のように大切にしながら、どんどん社長にして全国に事業を展開していこうという目標をもっておられます。

この方も当初は、1店舗、本当に小さなところからスタートされました。すごいなと思ったのは、収入が少なかった創業時から、少しずつ積み立てを続けているということです。

1店舗目の時に1万円、2万円という少額の積み立てを開始されて、当初は、「退職金を一億円準備する」ことが目標だったそうです。

どんどん店舗が増えて、利益・売り上げが増えたら、途中で退職金を3億円、5億円にするという目標に変えて、積立額を増やして資産運用も行い、社員さんも増やしてきました。

A社長も金銭的にはいつ引退しても大丈夫なのですが、仕事が生きがいであり、これからは日本の大切な伝統文化である振袖、着物を後世に残していくことにも貢献していきたいと情熱を燃やしていらっしゃいます。

資産家経営者の共通点

今までご紹介してきました、資産家経営者の方々の共通点について、少しお話させていただきます。

第一に、計画性とそれを守る継続力があることです。

いくつで社長を交代する、という将来のライフプランをしっかり計画して事業の計画を立て、それに合わせてご自分自身の人生計画を立て、実行されています。

そして毎月の積み立てなどをして資産を少しずつ、少しずつ増やしていかれた結果、現在はお金持ちになっておられます。


性格としては、素直で、頼まれたことはなんでも「ハイ」と受けて行動されるということがあります。そして常に学んで新しい情報も収集し、変化し続けていく柔軟性もあります。


それともう一つ大事な共通点は、自分の事よりも他人の幸せ、喜びを考えて行動されているということです。

本当にご縁を大切にはぐくんで、10年20年30年と、一度のご縁を大切にし続けています。

特に社員さん、家族、自分自身の両親に感謝し、ものすごく大切にされているというところも、資産家経営者の方々の共通点です。

次に、少しご紹介しづらいのですが、なかなか楽にならない、生活や経営が苦しい、という赤字経営者の方々の事例をあげさせて頂きます。

・借り入れのためリタイヤできない85歳のD会長

D会長さんは、現在85歳。社長は息子さんに交代されているので本来は退職したいところなのですが、残念ながら事業も苦しく、銀行からの借り入れの個人保証に会長ご自身が入っておられるので、仕事を続けざるを得ない、という状況になっています。また、今は退職金を出そうにも原資がありません。新たな借り入れを起こして退職金を用意することも、現状では難しそうです。

保険もずっと掛け捨てタイプに入っているので、70歳を超えたころから保険料が上がり、苦しい中で掛け捨ての保険料を払い続けているそうです。

この方は、お人柄は本当に良い方なのですが、若い時から少しずつでも積み立てをしていたら、それが退職金の原資にもなったのに、保険も掛け捨てではなく積立タイプの終身保険であればよかったのに・・・と残念に感じます。

・会社を売り、雇われ社長となったE社長

E社長は元々社長をされていたのですが、借り入れが増えて自分だけでは事業の継続が難しくなり、会社を他人に買い取ってもらい、今は雇われ社長として頑張って働いていらっしゃる方です。

この方も現在70歳を過ぎて、本当でしたら引退もしたいところだと思うのですが、借り入れもあってやめられませんでした。

積み立てなどもしてこなかったので、退職金も受け取れる状況ではありません。

生命保険も元々、法人・個人両方で入っておられたのですが、もう払っていけないということで、法人の生命保険はやめ、個人の方だけ少し残しているそうです。

お人柄はすごく良い方なのですが、非常にお金には苦労されているなあ、という印象をお受けします。

赤字経営者の共通点

赤字経営者の共通点は、一つはやはり計画的な積み立てをされていないこと。加えて、学びや実践を心がけてはいらっしゃるのですが、事情があるとはいえ、途中でストップして継続できていないことです。

もう一つが、お人柄は良いのですが、いざという時に「ご縁」よりも「損得」をとってしまい、結果的に長く続くご縁を育めていないのかな、と感じることがあります。

実は、私も過去に「ご縁」よりも目の前の「損得」をとってしまったことがありました。

目先の契約に釣られて、本来大切にするべきご縁を裏切ってしまい、その結果・・・ご想像の通り、手痛い授業料を支払うことになりました。

実はここが、資産家経営者と、赤字経営者の大きな違いです。

資産家経営者は、もはやお金のためには働いていません。それよりも理念や、世の為、人の為、他人の為、皆のために働いていることが多いのです。

そして逆に、赤字経営者は、ご縁ではなく、お金儲けのために一生懸命働いています。

お金というものは、不思議なもので追い求めるほど逆に離れていくのかもしれません。ご縁を大切にされる人は、ご円（お金）にも恵まれる。

これは私の周りの方々や、お付き合いをさせて頂いている方から、非常に感じているところです。

また、資産家経営者の方々に共通しているのは、積極的に人に会う場に赴いて、世の中と交流し勉強しながら、お得な情報を得ているということです。

そこで得た情報をもとに、毎月貯金や積み立てをしたり、株や不動産やドルの債券を買ったりして、資産となるものに投資されています。

資産づくりのためには、じっと一人で座学を続けるだけではなかなか難しいのです。

とにかく一人でも多くの方に出逢い、ご縁を育み「人間繁盛」になること。そしてその方々より一つでも多くの本物のお話しを聞いて「商売繁昌」につなげること。

多くの資産家経営者にであった経験から、この流れが必須だと強く感じています。

とはいえ、今はまだ収束に至らないコロナ禍のさなかにあり、セミナーや交流会、懇親会なども軒並み中止され、「三密」を避けるために、多くの人との直接の交流を持つことが難しい状況です。

こんな時は、インターネットやSNS、ZOOMなど新しい交流方法を取り入れ、遠隔でもご縁を育み、勉強しましょう。

ただ情報収集をするだけではなく、自ら発信することも大切です。自ら発信し、与えるとより沢山のご縁に恵まれ、良い情報も集まってきます。

私もコロナ禍をきっかけに新しい挑戦「Youtube動画」の配信をはじめ、四苦八苦しながらも定期的に本書の内容である、資産運用（ドル建て、国債、社債、投資信託・・・ほか）の最新情報などをご提供しております。よろしければぜひ、こちらもご視聴ください。

●能登清文Youtubeチャンネル【お金の学校】のとチャン
https://www.youtube.com/channel/UCOzdpPsWOOAS0CSx7HtwlgA

【お金の学校】のとチャン

7章

お金を引き寄せる人になるためには

そもそも、お金って何？

本章では、そもそも、お金って何だろう？

どうしたら幸せなお金持ちになれるんだろう？

という根本的なところを考えてみたいと思います。


少し前に、子供さん向けのお金の勉強会の講演依頼をいただきました。

私にとってもはじめての経験なので、お子さんにお金の話、いったい何をどうお伝えしようかと色々考えあぐねた結果、お金の原点まで遡って考えてみました。


大昔は、お金というものは存在はもちろん、概念すらありませんでした。その頃、人々はどう生活していたのでしょうか。

まずお金がなかった時代は、物々交換、物と物を交換していました。例えば、りんごをとるのが上手な人はりんごを、魚をとるのが上手な人は魚を、一生懸命にとって、双方がりんごと魚を交換する。このように物々交換を通じて、自分が持っていないものを手に入れていました。

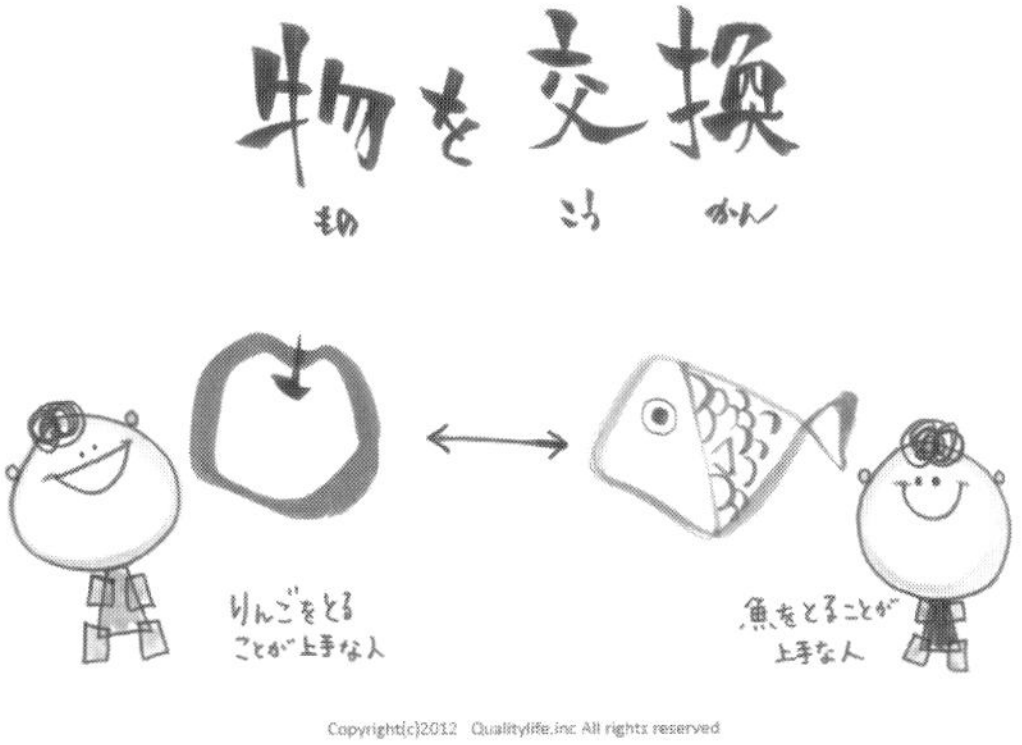

筆文字＆イラスト／筆文字アーティスト吉川真実さん作

物々交換をしていた時代は、今よりもあらゆる事がもっとシンプルだったでしょう。どのような気持ちで物々交換をしていたのでしょうか。

例えばりんごをいっぱい持っている人は、毎日りんごばかり食べていれば飽きますし、違うものを食べたいと思うはずです。魚ばかり食べている人も同様です。そこで双方が物々交換をして違うものを食べられたら、お互いに「嬉しいなあ、ありがたいなぁ！」と言う感謝の気持ちを持つでしょう。

物々交換と言うのは、お互いにとってメリットがあって、お互いにとって「ありがたい」、「ありがとう」と言う気持ちが発生する人間の知恵です。

動物であれば、物々交換などはしません。そもそも所有の概念があるかも不明ですが、欲しいものがあれば奪うだけです。けれども人間はお互いの気持ちを思いやり、分かち合うことができます。それが物々交換につながったのではないかと思います。

この物々交換をより便利にするために「お金」という道具が考えられました。物々交換をしていた魚やりんごは、時間がたつと腐ってしまいます。つまり今の資産価値を保持できません。そのため腐らない貝や塩、お米などが、代替品として使われるようになり、これがお金の原点だと言われています。

お金＝感謝の気持ち

そして今は、お金を払えば何でも手に入る世の中です。

例えば、何気なく飲んでいるペットボトルの水。これはコンビニや自動販売機で、150円くらいで買えるものです。この水がどうやってここまで来たか、考えてみましょう。

まず、小売店の人が売ってくれた、店に並べてくれた、販売機に入れてくれた、運送業者さんが運んでくれた、メーカーさんが箱に詰めて出荷してくれた、工場の人が水を容器に詰めてくれた、この容器を作ってくれた、水をポンプで汲み上げてくれた・・・。

こう遡って考えると、一つ一つの工程にはすごく手間ひまがかかっていることがわかります。多くの人の手を経て、色々な人が力を合わせ協力してできあがった商品、それをお金を払って得ることができたと言うことに、思いを馳せてみましょう。

商品だけではなく、マッサージを受けたり、レストランで食事をしたりといったサービスも同じです。一つ一つの商行為に対する対価、物々交換が今はお金に変わっているだけです。

根本は物々交換しているのと同じ。改めて「ありがたい」、「ありがとう」と感じる

筆文字＆イラスト
筆文字アーティスト吉川真実さん作

ことが大切です。

お金をもらう、お金が入ってくることには「ありがたい」、「嬉しい」と素直に思えても、支払う時は「できたら安くしてくれないかな」とか「サービスしてくれないかな」と思ってしまったりしませんか。

私自身の反省も込めてですが、あまりに安さやコスパにこだわる行為は、ある面では自分自身の「ありがとう」、「ありがたい」という感謝の気持ちまで減らしてしまうのではないでしょうか。

本来は、言われた値段で値引き交渉などもすることなく、喜んで支払う。場合によってはさらに「ありがたい」と言う気持ちを足して支払う。

そういう気持ち、心遣い、感謝が大切だなと、子供さんの勉強会を通じて改めて感じました。

お金＝感謝の気持ち

お金を払うと言う事は、「ありがとう」と言う感謝の気持ちを伝えることであり、自分自身をより大きくすることです。

前章でもお伝えした、終身保険もその一例です。愛する家族、大好きな人にお金を残したい、そう考えて自分の死後に備える、それは家族に愛を伝えることにもなるのです。

愛というものは無限にあるので、与えれば与えるほど愛が循環して、愛が増えると言われています。

お金を払う時にも愛を持って「ありがとう」、と感謝する。

するとその感謝が巡り巡って、またお金として戻ってきてくれるというのが、多くの人間繁盛、商売繁昌の方々を見ていて感じることです。

バリの兄貴から学んだ、お金と愛の循環

お金の循環の話をすると、どうしても思い出すのがバリの兄貴です。前著「人間繁盛　商売繁昌」という本でもご紹介したのですが、通称「バリの兄貴」と呼ばれている丸尾孝俊さんは、ベストセラー作家でもあり、不動産投資で、資産が数千億円という大富豪になられた方です。

バリの兄貴には合計4回、バリでお会いしましたが、いつもかわらず、どなたにも、老若男女、貧富を問わず、誰に対しても公平に対面される方です。

兄貴は最初バリに渡った時に、日本で事業をして貯めたお金、日本円で7～8千万円くらいを持っていかれたそうです。当時、バリと日本では物価が10倍くらい違いま

平成23年　大富豪　バリ島の兄貴（丸尾孝俊氏）

「人間繁盛の
凄さに驚き！」

2011年初訪問時

令和元年の再訪問時

すから、日本円にしたら7～8億円。このお金だけで一生遊んで暮らせるほどの財産です。

それが、なんと、わずか1～2年位で、全部なくなったというのです。何にお金を使ったかと言うと、バリで困っている人にお金を貸してあげたのだと。これは貸したというより、実際はあげたに近かったのだろうと思います。

頼まれてお金を貸し続けているうちに、あっという間に大金を失い、お金に困ってバリで屋台などをやりながら、なんとか生活をしていた時期もあったといいます。

ある日、そんな兄貴の元に、以前にお金を貸した人がやってきました。そしてお金を返す代わりに、自分が持っている土地を兄貴にくれたそうです。その後、その土地が売れてまとまったお金が入り、そこから不動産業をスタートして現在の大富豪にまで至ったと言います。

兄貴はそういう風に、損得勘定抜きにお金を他人の喜びのために使ってしまうのです。返してくれとか、お金をあげたんだからと何か見返りを求めることも一切なく、まさに無償の愛で、その人の喜びだけを考えてお金を与え続けてきました。これはお金持ちだからできるのではなく、日本で働いていた、若く貧しかった時代から変わらないそうです。

常に人に愛を与えて他人からも愛を与えられて、他人からも相手からも感謝される、この循環の結果が、今につながっているわけです。

兄貴が特に大事にされているのが、目の前の人とのご縁です。兄貴は、現在はバリの土地開発や地域開発に関わっておられますが、そういう時は必ずその地域に住んで、その人たちに喜ばれることは何か考え、まず与えると言う事をされるそうです。

例えば、田舎で開発をする時は、地元の人たちが働けるような仕事を作る。そうすると、都会に行っていた子供たちが、田舎にまた帰ってきて、その仕事に就くことで、おじいちゃんやおばあちゃんも喜ばれる。このように、人の喜びを徹底的に追求され続けています。それが結果的に全て兄貴に帰ってきて、大富豪と言われるようになったわけです。

兄貴は、お金に関しては特別な感情は持っておらず「手段」だと言う事を、未だによく言われます。お金をたくさん持ちたいとも思っていない。あくまで何かを、買うときに支払う手段がお金だから、お金を使っているだけ。

多くの人に与えていると、中にはそんな兄貴を利用しようとする輩も交じってきます。私がバリの兄貴のところに訪問中にも、明らかに利用目的で兄貴に近づく人がいました。

「あの人は兄貴を利用しているとしか思えないのですが、いいのですか」

私がそう聞くと、

「利用したい人がいたなら、利用させたらええやないか。自分が利用されるくらい大きくなったんやから、それはそれでええよ、ありがたいことや」

と、笑いながら言われたのです。

兄貴は本当に大きな心を持たれているな、と改めて尊敬の念を抱きました。

私も今まで約5千人にのぼる経営者の方々に会わせていただいていますが、兄貴ほど大きな人は珍しいと感じています。

そういう生き方をすると、本当に見返りを求めていなくても、お金の方からどんどん入ってくる。兄貴のお金＝ありがとうの循環を目の当たりにして、私も少しでも兄貴の真似をしたいな、ありがとうを循環させていきたいな、自分の見返りを求めることなく与えて与えて、与え続けられるような生き方をしたいな、と思います。人に喜ばれる人間力があると、お金が自然に引き寄せられてくる。これがお金持ちの秘訣だなと感じます。

・バリの兄貴の生き方を学べる『アニキリゾートライフ』DMMオンラインサロン
https://lounge.dmm.com/detail/676/

キーエンスの創業者、滝崎武光さん

私が尊敬する経営者に、前職でお世話になったキーエンスの創業者、滝崎武光氏がいらっしゃいます。孫さんやユニクロの柳井さんに続く、日本を代表する資産家です。

私が新卒でキーエンスに入社した時には滝崎氏はまだ社長で、無名の中堅企業であったキーエンスの給与を日本一にしたいと宣言しておられました。外に向けて言うだけではなく、社員に対しても、昼食会やいろんな機会に、そのことを言われていました。当時はバブルで、給与が高いといえば証券会社だったのですが、実際にそういう会社を抜いて、日本一の給与の会社になりました。

この滝崎さんは厳しい方で、目の前に立つと蛇ににらまれたような威圧感を感じるのですが、本当に社員を大切にされており、社員一人一人と昼食を食べる場を設定してくれていました。こちらも緊張しますが、そんな機会はめったにないので、本当にありがたいことだったと思います。

キーエンスは、社会貢献や環境運動などは特にしない、その代わりにちゃんと納税をするから、それを公的に使ってほしいという方針です。

印象に残っているのは、法人税が下がったときに、滝崎さんが「会社には計画通りの利益が残っているから、減税分のお金は、全部社員に還元しよう」とおっしゃったことです。そして口だけではなく実際に、その年だけでなくその後も、減税分が社員に還元されました。

私がいたころは、社員は900人規模だったのですが、社員一人当たり50万〜100万円もの金額です。惜しみなく分け与え、お金＝愛を循環させたからこそ、キーエンスは今のような大企業になったのだと思います。

京セラの創業者、稲盛会長

大変著名な方ですが、京セラの創業者の稲盛会長も私の尊敬する方です。私は、稲盛氏の塾でも学ばせていただきました。JALの再建時にはもう80歳代でしたが、日本のため、JALの社員のために、命を懸けて再建に取り組まれ、実際に見事にJALを再生させた手腕には感服するばかりです。

偉大な経営者のお二人に共通するのは、自分のことや私利私欲よりも、社員のため、日本のために動いていたという点です。

心を高める、人格が上がる、心が高くなる

人格・品格・人間力を高めることというのが人生の大切なことであり、会社経営をする意味でも大切ですし、人生のライフプランを立てる意味でも、自分の価値・品格をいかに高め、人の喜びを常に追求し続けられるか。与え続けられるかということが非常に大事だと実感しています。

そのためには、まず出会いを変える。素晴らしい人とのご縁をいただけるように出会いを変える。そしてそのご縁を大切にする。

まずは自分自身を高めるために学び、実践することが先決です。自分を高められないと、そういう志の高い人、人間力の高い人とはご縁をいただけません。

新型コロナの影響もそうですが、やはり大自然の法則や大自然の流れにのって、地球とか宇宙も喜ぶような生き方、環境にも配慮したような生き方ということが大事だと思います。

具体的には、「倫理法人会」のモーニングセミナーであるとか、大自然の法則である「やまとしぐさ」の学びを、これからも引き続き実践に努めていきます。

最後に、幸福な人生をつくる　7つのポイントをご紹介して、本章を終わらせていただきます。

幸福な人生をつくる　7つのポイント

1. 自分の事よりも他人の幸せ、喜びを生きがいとして行動する。
2. ご縁を大切に育んで10年、20年、30年と一生涯、育み続ける。
3. 両親、家族、社員さんに感謝する。
4. ライフプランを計画して、実行する。
(計画性とそれを守る継続力がある)
5. 毎月積み立てして少しずつ資産を殖やしていく。
6. 頼まれごとは何でも「ハイ」と受ける。
7. 常に学び情報収集し変化し続ける。

コラム　学びと継続だらけの私の半生

本コラムでは、私のこれまでの半生についてご紹介いたします。

（前著『「もう生涯安心！」の資産づくり　人生100年時代の「新・ライフプランニング」』（ごま書房新社）の内容に加筆、再編集したものです）

社会人時代の私
～継続で乗り越えた、一部上場企業の商品クレーム対応～

同志社大学を卒業した私は、第一志望だった「キーエンス」という会社へ入社しました。そして入社1年目の秋、私はクレーム対応の部署に配属されたのです。

クレーム対応というのは、お客様が商品に不満を持たれているところから始まるわけですから、いわばマイナスの人間関係からスタートすることになります。社会人1年めだった私は、いきなり強烈な洗礼を浴びることになりました。

「納品した製品が動かない」との連絡を受けて、はじめての出張である工場お伺いした時でした。

「動かない理由は、何なんや！」お客様はカンカンです。

私は質問を受けて、わからないことがあれば本社の技術担当者に電話で聞いて答えたり、「商品のおかしい部分を分解して説明してくれ」と言われれば急遽、分解して説明したりと終日対応に追われ、結局、午前中に工場に入って出てきたときには夜の11時をまわっていました。

それでも残念ながらその日のうちには解決に至

らず、翌日上司にも来てもらい、さらに案件を持ち帰ることになりました。最終的に、改良対策された商品との交換対応となりました。

こう書くと、「やはりクレーム対応の仕事は、理不尽な事を言われて大変なんだな」という印象を持つ方もいるかもしれません。

しかし、お客様の希望は一貫して、「理由と原因と対策を示せ」というものでしたから、言われていることはけして理不尽ではないのです。

幸か不幸か、一番最初のクレーム対応が大変だったことが、新人の私には良い実地研修となり、その後のクレーム対応を卒なくこなせるようになりました。

クレーム対応の件数を重ねていくと、自分なりのコツというか、対応のノウハウが身についてきました。

実は、クレームの半分以上はお客様の使い方の問題であることが多いのです。

しかし、最初からそれを指摘するのはNGです。仮にお客様の使い方に問題がある場合でも、お客様に納得していただくのが私の仕事です。いきなりこちらの言い分を申し上げてもお客様は納得してくれませんので、まず最初は、お客様の話を聞きます。一切こちら側の話は切り出しません。

あるケースでは、先方の指定された時間通りにお伺いしたら、いきなり「遅刻するとは何事だ！」とお叱りを受けたこともありました。聞くと営業マンに「もっと早く来るように」と伝えたとのことなのですが、私は営業からは何も聞いていませんでした。

訪問したらいきなり怒られた格好で、しかも製品が動かないのと、遅刻したのとダブルで烈火の如く怒っておられる状態です。そこでも言い訳は一切することなく、まずは謝罪するのが鉄則です。

お客様は1時間半から2時間にわたり、「おたくの営業マンの対応が」、「この前納品された商品が」と色々な不満を口にされます。しかし、2時間ぐらい話を聞いていると、お客様もだんだん冷静になってきて、眉間にあったシワの本数が減ってきます。そうなると、徐々にトーンダウンしてくるので、今度は聞く姿勢ができてきたことを意味します。

このタイミングで、あらかじめ原因を推定して資料を持参しているので、実際に現場に入って確認させてもらうことで、結果的にお客様に納得していただきました。

クレーム担当は最悪の第一印象からお客様との関係をスタートさせることになります。しかしながら、しっかりとした対応をすると信頼を勝ち得る、またとないチャンスにもなります。

実際、私がクレーム対応をしたいくつかのお客様は、次からは営業担当ではなく私のところへ連絡をくださるようになりました。クレーム対応がきっかけでお客様との距離が縮まることもあり、全国にあるお客様の工場の部品交換を、お客様と一緒に回るような経験もしました。

この仕事にやりがいを感じ、日々のクレームに真正面から向き合っているうちに、いつしか私は昇進し、管理職となっていました。

妻との出会い。人生初の生命保険加入へ

私が妻と結婚したのは28歳の時、いわゆる職場結婚で、結婚と同時に妻は退職し、専業主婦になりました。子宝にも恵まれ、サラリーマン時代に一男一女を授かりました。

今でこそ保険代理店を経営し、多くの保険商品を取り扱う私ですが、その当時は大がつくほどの生命保険嫌いで、独身時代にいたってはひとつも生命保険に入っていませんでした。

当時の私は「生命保険というものは、不安につけこんで不必要なものや損するものを無理やり売り込むものだ」といったイメージが強く、昼休みに職場にやってくる保険のセールスマンもなるべく避けるようにしていました。

そんな私も30歳を過ぎて、父親となり、会社の

先輩から「保険アレルギーの能登にもお勧めだから」と紹介されたのが外資系生命保険会社、アリコジャパンの担当者でした。

打ち合わせに現れたアリコの担当はパリッとしたスーツを着こなす清潔感のある身だしなみと、柔和な表情。ひと目で誠実な人柄と思えてくる第一印象です。そして何より、営業スタイルが私が今まで見てきた保険の営業マンとは違いました。その方は一切保険の売り込みをしないのです。

まず何も知らなかった私に保険の基本的な内容を一から説明し、ライフプランや人生設計の大切さや、資産運用といった役に立つ情報を教えてくれました。

それまで株はもちろん、資産運用に関わることは何もしたことがなく、ただ働いて貯金しているだけだった私には、目からウロコの連続でした。

ある時、アリコの担当者に「なぜそんなに、色々なことに詳しいのか」と尋ねてみたところ、「ファイナンシャルプランナー」という資格を持っているからだと教えてくれました。私がファイナンシャルプランナーという資格を知り、それを活かした仕事があると気づくきっかけでした。

人間、色々な理解が深まってくると、さらに物事を知りたくなるものです。そのタイミングで「よかったら提案しましょうか」と言われたら自然と受け入れることができるし、自分でも納得して保険選びができました。

こうして私は、生命保険加入をきっかけに、その人の影響もあってファイナンシャルプランナーの資格の勉強をし始めました。そしてファイナンシャルプランナーの資格を取得した折に、父の他界が重なったのです。

父の死で思い知った命の有限性

順調な会社員人生を送っていた私が、キーエンスを辞め転職に踏み切ったのは、この父親の他界がきっかけでした。

父は64歳で突然亡くなりました。定年退職して4年で、まさか亡くなるとは誰も思ってもいませんでした。十分に備えていたはずでしたが、現役時代に加入していた保険の多くが60歳で契約切れになっていました。唯一、死亡時の保険金として３００万円が出ましたが、それは葬式代で消えてしまいました。

退職金や預貯金もあったので、残された母がすぐに生活に困ることはありませんでしたが、母親の今後の暮らしや人生をどうするかは重要な問題でした。

ファイナンシャルプランナーの資格を取得した直後だった私は、母に年金を計算してみました。遺族年金の額は、父が生きていた時の約半分、毎月15万円ほどになりますから、あまり贅沢はできません。

計算した結果を母に伝えると、母は何かとお金のことを気にするようになりました。「なるべくお金を使わないように」と意識して節約して生活する様子が伝わってきます。突然の父の死、そんな母の姿を見て「老後の保険も大切なのだ」と痛感すると同時に、「多くの保険が定年退職を迎える60歳で切れるようになっている。それを前提としたライフプランは間違っているのではないか」と感じました。

先述のように、当時の私はキーエンスに努めるサラリーマンで、14年間、平均して朝7時から夜の11時、12時まで仕事をする毎日。長時間労働のお手本のような会社人間でした。

誤解していただきたくないのですが、私はキーエンスという会社が、仕事が、とても大好きでした。学閥はないし、年功序列もない、一所懸命働き成果を出した人間を認めてくれる、とてもいい会社です。仕事での成果が認められて管理職に昇進しましたし、収入面でも同級生と比べて恵まれており、不満はありませんでした。もし、私が再びサラリーマンなることがあっても、再びキーエンスで働きたい。それくらい本当に素晴らしい会社なのです。

しかし、それ以上に「今の私が働くべき場所」と感じたのが保険の世界でした。

人間貧乏で、孤独との戦いの連続だった独立当初

転職する直前、創業者でもあるキーエンス会長からこんなお言葉をいただきました。

「うちからアリコジャパンや、ソニー生命に転職した人間は少なからずいるが、その多くが失敗している。もし、一年くらいやって、アカンかったら、その時はうちに戻ってこい」

優しい心遣いに感動すると同時に「絶対に戻らなくていいように頑張ろうと」発奮しました。

私が保険業界に入る際に目標にしたのは、「ＭＤＲＴ」に入ることでした。

ＭＤＲＴ（Million Dollar Round Table）とは、保険業界で営業成績のトップ３％、あるいは１％の人だけが入会できると言われている、世界共通の会員組織です。ＭＤＲＴへの入会には商品知識もさることながら、倫理観も求められ、会員はチャリティやボランティア活動にも参加しています。

尊敬するアリコの担当者から誘われた際に、彼からＭＤＲＴの話を聞き、アメリカやカナダで年１回開かれている、世界大会の様子をビデオで見せてもらう機会がありました。とても華やかで格

好良くて、私は「自分もあの場所に行きたい！」とすっかり魅了されてしまったのです。それも保険業界に飛び込む大きなモチベーションになりました。

入社初日も、自己紹介で「MDRTへ入会することが目標です！」と意気揚々と話しました、先輩方からは「変わったやつが来たな」と思われていたようです。今思えば恥ずかしいのですが、全くの初心者が初レッスンで「オリンピックを目指します！」と宣言するようなレベルの話だったのです。

このように意気揚々と転職したものの、最初はうまく行かないことばかりでした。大企業であるキーエンスから離れた自分は、ただの人。何も持っていない「人間貧乏」だったのだと、嫌というほど気づかされました。

アリコジャパンに転職した当初、滋賀県に経営者の知り合いはゼロ。つまり、どこにも営業先がありませんでした。

転職にあたり「あたらしく保険の仕事を始めました」と、挨拶の手紙を知り合い全てに送りました。何百通と書いたものの、滋賀県の住所はたったの8人だけでした。元の職場であるキーエンスの関係者が7人、親戚が1人。滋賀県に6年間住んでいても、実際には夜寝るだけの場所みたいな生活を送っていたので、ご近所にも町内にも知り合いはいませんでした。

同友会への参加で広がった人の輪

そんなとき、大阪の知り合いから「大阪府中小企業家同友会」を紹介してもらい、「例会」と呼ばれる会合に2回ほど参加し、入会を決めました。

しかし私の地元、滋賀県で入会する必要があるため、大阪の事務局経由で「滋賀県中小企業同友会」入会することにしました。正直に言うと「もしかしたら、これで経営者の知り合いができるかも」という下心もありました。しかし、会の中では人間関係がすでにでき上がっていて、知り合いが1人もいない私は、孤独で寂しい思いをすることになります。

それというのも、通常「滋賀県中小企業同友会」に入会する場合には、滋賀県の経営者の紹介で入ることになるのですが、私の場合、「大坂府中小企業同友会」を経由して入会したために、紹介者がいないのです。「知り合いを増やせたら」と思って入った会でしたが、結局、常に一人ぼっちという有様でした。

同友会に入会して3ヵ月くらい経ったころ、例会に参加すると、あいかわらず皆さん仲良さそうに、親しげに話をして盛り上がっています。しかし、私はその輪に入れず孤独感いっぱいで、その様子を輪の外から眺めているだけでした。和気あいあいとした雰囲気の会の中で、自分だけがぽつんと孤立している。その疎外感は辛いものでした。「もういっそ、退会しようか」と思っていたほどです。

たまに勇気を出して恐る恐る私の「アリコジャパン・AIU保険代理店」の名が入った名刺を出すと、

「ああ、保険屋さんね。うちは、○○さんに保険は任せているから」

「いやあ、保険はいっぱい入っているからね」と距離を取られてしまいます。

あらためて「保険の営業は嫌がれているのだ」と痛感しました。人によっては露骨に嫌な顔をされることもあります。

そんな時、後の私の大恩人となる株式会社トップの新庄昇社長が「最近入った能登くんだよね？このあと懇親会があるので参加しないか」と懇親会に誘ってくれたのでした。

誰にも声も掛けられず、寂しかった私にとって新庄昇社長からのお誘いはとても嬉しいものでした。懇親会に参加できたおかげで、数人とお話しできる間柄になれて、本当にありがたかったです。

これは後から知ったのですが、新庄昇社長は、当時、「例会委員長」という役職で、皆に懇親会参加を促すために声かけをする役目だったそうです（笑）。しかし、私にとっては、まぎれもない救世主でした。新庄昇社長からは「能登くん、最低でも2年間は同友会で営業するなよ。営業しなかったら、必ず将来の営業につながるから！」とありがたいご助言をいただきました。

新庄昇社長は、過去に保険の営業マンが、同友会入会後すぐに保険営業をして、皆から煙たがられて退会していった様子を何度となく見てきたそうです。このご助言を頂けなかったら、私も同じ轍を踏んでいたでしょう。

こうして同友会で浮いていた私は、新庄社長との出会いで、声を掛けていただける嬉しさ、人のあたたかさを実感し、同友会に通うことが楽しくなってきました。

継続を重ね、毎月10件以上契約18カ月連続達成！

キーエンス時代、昼休みにやってくる生命保険の売り込みが嫌いだった私は、アリコに転職後「売り込みはしたくない、自分は売り込むような営業はしないぞ」と常日頃考えていました。しかしながら、私が理想とする「待つ営業」スタイルを実現するには時間が必要でした。

相変わらず電話をするのは苦手でしたが、そもそも電話をしなければアポイントがとれません。アポイントがなければスケジュール表は真っ白のままです。これでは仕事にならないし、収入にもなりません。

そこで、辛くてもまずは「この日だけは電話を絶対かける」という日を作ってがんばるようにしました。決意の転職ですからこの仕事で妻と子どもたちを養っていかねばなりません。苦手な電話は気合で克服することができました。

そして私は、マネージャーとも相談しながら目標設定をし、憧れのMDRTに伝わる「保険業界で成功するたった一つの秘訣」を、やり続けることにしました。その秘訣とは、「毎日3人のアポイント、週15人のアポイント」を達成するというものです。

MDRTにあこがれていた私は達成のためにた

だひたすら努力しました。そしてこの目標の達成にはキーエンスの元同僚の応援や紹介が不可欠であり、支援してくれる人のありがたさを実感しました。

アポを取ってお客さんに会いに行くと、前職でのクレーム対応の経験が役に立ちました。クレーム対応でもそうでしたが、保険の営業でもまずは、お客様の要望や希望をじっくりと聴くことです。訪問していきなりベラベラこちらの商品説明をしても、関心を持ってはもらえません。

ただ、クレームの場合は、最初から解決すべき問題が明確になっていますが、保険や資産運用の場合は、すぐには問題点がわかりません。しかし、よくお客様のお話を聞いていくと、その中でお客様の抱えている問題や不安が見えてくることがあります。それをどのように解決すればいいのか、そのためには、どのようなライフプランがいいのか。お客様は、本心ではどうしたいのか。

質問を交えながらさらに聞いて理解した上で、親身になってお客様に最適なプランを考え、ご提案するようにしました。

顧客となるサラリーマンの方は平日お忙しいので、必然的に私は土曜日と日曜日に朝早くから夜遅くまで、なるべく多くの人とお会いするアポイントをいれるようにしていました。「家族と過ごす時間も確保したい」という思いもあって転職したにもかかわらず、結果的に家族と過ごす時間はさらに少なくなる状況でした。

その努力のかいもあり、私は社内の「ルーキーコンテスト」に入賞することができました。これは毎月10件以上の契約を18ヵ月続けた人がもらえる賞で、1000人に5人しか受賞できないといわれる、ハイレベルなコンテストです。

アリコジャパンに転職後、これといった家族サービスをできないままだった私は、ルーキーコンテストでの表彰を記念して、妻と二人で東京の帝国ホテルの食事に招待していただきました。妻に初めて「転職して良かったね」と褒められた瞬間でした。さらには、夢だったＭＤＲＴへの入会も達成し、アメリカの世界大会にも参加することができました。

毎日、毎週、必ずアポイントを入れて「毎日3人のアポイント、週15人のアポイント」を達成し続ける。シンプルではありますが、やはりやるべきことをコツコツ継続することが成功の王道だったのです。

人生を変えた、「倫理法人会」との出会い

自分なりの保険営業スタイルができつつあった私を、さらに大きく成長させたのが、平成18年6月に「滋賀県びわこ湖南倫理法人会」との出会いでした。「滋賀県びわこ湖南倫理法人会」とは全国で6万9千社（令和2年時点）が加入する倫理法人会の滋賀県支部にあたります。

「倫理法人会」に入会したきっかけは、「滋賀県中小企業同友会」でお世話になっている株式会社トップの新庄昇社長と、社会保険労務士事務所中嶋事務所の中嶋忠男所長から、同じ日に倫理経営講演会のお誘いをいただいたことです。

「これはご縁があるに違いない！」と直感して講演会に参加してみると、なんと500人もの参加者で会場は満員、場内の熱気に驚きました。

講演会終了後、新庄社長から「能登くん、明朝6時30分から倫理法人会のモーニングセミナーがあるから是非参加しよう！」と言われました。

「え？　夕方6時30分ではなくて、朝の6時30分からでしょうか？」

思わず聞き直したのを今でも覚えています。

モーニングセミナーが始まると私の眠気はすぐに吹っ飛びました。

「経営者モーニングセミナー」は前日の参加者500人に対して約25人、そのほとんどが60歳以上の経営者で、自分からすると父親世代にあたる大先輩ばかりです。

しかし60代の経営者とは思えない大きな声の挨拶や、開始早々の大きな歌声、「万人幸福の栞」

という、この会における教科書のような小冊子の輪読にも圧倒されました。

正直にいうと「ひょっとして、自分は場違いなセミナーに参加してしまったかな？」「もしかして宗教団体か何かなのでは？」と一抹の不安を感じながらのセミナー参加となりました。驚きの連続ではありましたが、その日一日、爽快な気分で過ごすことができたのも事実でした。「朝早起きしてセミナー参加する」ことの効能を実感したのです。

セミナー終了後、新庄社長に入会のお誘いをいただき、正式に「滋賀県びわこ湖南倫理法人会」に入会。夜型人間だった私が、本格的に朝型人間に生まれ変わるスタートとなりました。

独立、会社設立。収入12分の1の減少からの復活劇！

キーエンスからアリコジャパンに転職した当時、「アリコで5年間、経験を積んだら独立したい」という計画がありました。

ところが2年半でアリコから他の保険代理店へ移ることになってしまいました。その理由は会社の制度が変わり、今までは入社5年で独立できていたのに、55歳にならないと独立できなくなったからです。

当時私は38歳。

「え、55歳って、20年も先じゃないか？　そこまでは待てないよ」

そう考えていたところ、嬉しいお誘いが来ました。尊敬している大先輩であり研修の先生である株式会社エイムの福地恵士社長、株式会社ウイッシュアップの牧野克彦社長が経営されている保険代理店に「来ないか？」と声をかけて頂いたのです。

「これはチャンス到来だ！」そう思うと同時に、悩みもありました。

アリコで2年半頑張ってきた私には150人ほどのお客様がいました。みなさん私の「一生、面倒をみます」という言葉を信じてくれた方々です。この方々はアリコジャパンのお客様ですので、私が代理店に移る際、契約を持っていくことはできません。

　その事には大変迷いましたが、「複数の会社の保険商品を扱うことがお客様のためになる」という思いもあって、覚悟を決めた私は、すべてのお客様150人に対して一人ひとり謝りに行くことにしました。


　アリコを辞める最後の3ヵ月は、1件も契約をせず、ただひたすらお客様のもとへ出向き、自分が担当できなくなることを謝り、引き継ぎ業務に徹しました。歩合制なので、新規の契約がなければ当然給料もゼロです。でもそれは、自分の責任を果たすためには仕方のないことです。

　お客様の中には、「能登さんがいなくなるなら保険をやめる」と言う人もいたり、「能登さんの次の会社の保険にも入るよ」と言ってくれる人もいました。ありがたいことに、親しくしてくれたお客様のほとんどが、私の決意を応援してくれました。


　新たに移った代理店では、自分の希望通り、お客様ごとに最適の保険を提案することができました。業務内容はアリコ時代とそれほど変わりません。しかし、収入は大きく変わりました。アリコ時代と比べて収入が12分の1にまで減少してしまったのです。

　代理店では当初、手数料収入の額が大きく減ってしまいます。転職時にある程度の収入ダウンは予想していましたが、この減り方は最悪のケースに近いものでした。幸い妻が貯金をしてくれていたので、貯金を崩しながらの生活がしばらく続きました。


　そして、平成19年（2007年）2月、お世話になった保険代理店「株式会社エイム」の取締役と滋賀支店の支店長を兼務しつつ、自分の会社「株式会社クオリティライフ」を設立し、代表取締役として正式に独立を果たしました。

　独立し、自分の城を持つということは、再度お客様も収入もゼロから再スタートすることを意味します。独立後は、2年半走り回って、ようやく150人のお客様に保険にご加入頂くことができました。

独立を機に、今までやってきた個人向けの生命保険から、企業や経営者を対象とした生命保険に特化しようと考えました。

当初は、個人のお客様が多かったのですが、2年を過ぎた頃から経営者のお客様が増え始めました。顧客ターゲットを経営者に絞ることで、2年を過ぎた頃から売上もサラリーマン時代より増え、少しずつ挽回していきました。

富士研のセミナーで号泣・・・両親の愛に気付く

平成20年1月、私は初めて「倫理法人会」の「富士研セミナー」を受講していました。

研修で私は、雪の上で正座をして自分を見つめ直す「自照清坐（じしょうせいざ）」や、お世話になっている人のさらに先の人にも感謝する「恩の遡源（おんのそげん）」について学ぶなかで、自分が大学時代に両親に多大な苦労をかけていたことに気づかされました。

「お父さん、ごめんなさい、本当にごめんなさい」

富士山のふもとにある研修所で私は涙を流しながら亡き父に謝罪をしていました。いつ以来でしょうか。こんなに涙を流して謝ったのは。

両親からの無償の愛。

「学生の時に気づけばよかった」と反省しました。

両親は私を大学へ行かせるために節約の日々を過ごしていました。学費に下宿代、何かと出費はかさみます。「子どもにだけは不自由させない」と、つつましい生活を送りながら私を支えてくれていたのでした。

大学に入学してしばらくたったある日、実家に帰ると見たことのないワンボックスの軽自動車が停まっていることに気がつきました。

「あれ、車変えたん？　なんで軽にしたん？」と聞くと、父は「年とったから、小さい軽自動車のほうが運転が楽なんや」と笑っていました。

大学3回生になる時、私は下宿先を宇治市から京都市へ引越しました。引越し作業は父がこの車で駆けつけてくれて、ふたりで3往復して荷物を運び出しました。「どや、ワンボックスの軽自動車に乗り換えて良かったやろ！　これなら荷物がいっぱい積めるからな！」と父は得意気に笑っていました。しかし、私が大学卒業後、実家の車はふたたび普通自動車の新車に代わっていました。

当時の私はその変化の意味するところに気づかず、社会人になってからも気づかず。やがて子を持つ親となり、父が亡くなって、この富士研のセミナーに参加して、ようやく気づいたのです。父が私を大学に通わせるために、少しでも生活費を節約しようと軽自動車に乗り換えていたことに。

そしてあらためて父の愛情の深さ、両親のありがたさに胸を打たれました。本当に感謝の2日間でした。

親に素直に感謝を伝えるのは、気恥ずかしさがあるものです。おそらく、この機を逃すと「自分は絶対に親に手紙なんて書かないだろう」と思い、このセミナーで父への手紙を書きました。

『お父さんありがとう。

お父さんとお母さんの子どもで本当に良かったです。

生きている間に言えずにごめんなさい。ありがとう。

清文拝』

書いた手紙は、研修室にある手作りの簡易ポストに投函します。この場で投函せずに持ち帰ると、冷静になってしまい、結局出さずじまいになるからです。皆が書いた手紙は後日、セミナー講師が責任をもって郵便局のポストに投函してくれます。

私は2日間の学びから、次の3点の実践を決意しました。

1．毎月、父のお墓参りをして、両親に感謝する。

2．毎日、ハガキを書いて、お会いした人、お世話になった人に感謝する。

3．活力朝礼（職場の教養）を実践する。

1つめは、当時の自分は父のお墓参りに、盆と正月くらいしか行っていませんでした。ですから実家に帰る頻度もそれくらいでした。セミナー後は「月1回くらいはお墓参りに行かないと申し

訳ない」と思うようになり、それからは毎月1回、車で2時間くらいかけて滋賀県から和歌山県までお墓参りに行っています。

2つめは、親や周りの人に対する「感謝が足りていない」と痛感して「せめて感謝のハガキくらいは書こう」と毎日ハガキを書く決意をしました。

3つめは、「活力朝礼」というもので、「職場の教養」という冊子を読んで、その内容についてお互いの感想を発表するというものです。

「富士研」こそが、私の純粋倫理の実践、感謝の実践スタートとなる契機でした。

3年間の滋賀県倫理法人会「会長職」で学んだ「苦難は幸福の門」

私は、2015年9月～2017年8月まで、滋賀県倫理法人会の会長職をさせていただきました。この3年間の会長職で、つくづく自分自身の未熟さを痛感しました。

会長職1年目。私のような若輩が会長職をという思いから遠慮し過ぎて、自分の思いを伝えるこ

とも不十分でした。前会長を見習い毎日モーニングセミナーに参加して、一所懸命に動いているつもりでしたが、実はこれも空回り・・・。ほとんど成果もなしに1年目を終えました。

会長職2年目。1年目の失敗を反省して、良かれと自分の判断で行動しすぎた結果、役職者の皆さんとのコミュニケーション不足でまたもうまくいきません。毎日のモーニングセミナーの場、倫理法人会の色々な機会にも一所懸命に参加していましたが、身近な役職者、身近な社員、身近な家族の話を聴くことが不十分に。

動いているつもり、実践しているつもりの2年間の結果、倫理法人会、会社、家庭それぞれに苦難が訪れました。

倫理法人会も会社も家族も全て根っこはつながっていて同じ。どれ一つ欠けても成果は出ない・・・。そのことも痛感しました。結局、2年目も目立った成果は出せずに終わりました。

会長職3年目。全てに関してボロボロだった私ですので、普通ならとてもお引き受けできる状況ではありません。しかし以前、林輝一先生に「辛い時ほど「苦難は幸福の門」と苦しいほうの選択をしなさい」と教えをいただき、その言葉通り、私は大ピンチの中、会長職3年目を引き受ける決断をしたのです。

こうなると、なりふりかまっていられません。お恥ずかしい話ですが、まずは会社、家庭での苦しい状況を役職者の方々に赤裸々にお話することからスタートしました。きっと笑われるだろうと覚悟していました。

すると、役職者の方々は、なんと私を励まし、助けてくれたのです。本当に倫理法人会の仲間、倫友のありがたさ、あたたかさを実感しました。

次に社員や家族にも伝えました。するとやはりみんなサポートしてくれたり、アイディアをくれるのです。

私は、今まで苦しいこと、弱いところは見せないように取り繕って生きてきました。でもそれは間違いであり、思い上がりでした。自分の能力を過信し、できないことまで引き受けていたのです。

苦しいこと、弱いところをさらけ出した時、初めて人は人を認め、心が通じ合い、その人のために行動を起こしてくれたのです。私の気持ちも軽くなり、行動もポジティブになりました。

皆さんに助けていただいたおかげで、その結果、会長職3年目は目標を達成することができました。それも、滋賀県倫理法人会の7つの単会の目標を中間、年度末ともに達成という過去に例がないほどの成果に！ 皆さんと喜びを分かち合うこともできて本当に嬉しかったです。

滋賀県倫理法人会の会長職3年は、一生の宝となる経験、思い出をいただきました。まだまだ未熟な私に大役を任せていただいた皆さまに、あらためて感謝の想いです。そして、この学びでいままでの勘違いの人生から解き放たれ、またひとつ成長できたことを嬉しく思っています。

私が本を書く？ 出版までの課題と私の大きな成長

先の会長職と並行して、実は私は初の著書の出版作業も行っていました。

学生の頃から本が大好きでなんとかなく、「いつか自分の本を出したい！」という夢を持っていました。そして、いま実際に本をだしている自分がいてビックリ驚いています。

そのきっかけは、親しくさせていただいている、辻中公さんの著書を何冊も出されている出版社、ごま書房新社の編集者さんを辻中さんよりご紹介いただいたことでした。

お会いした時、編集者さんに「私も本を出したいのです！」と伝えたところ、現在の出版業界の事情を教えていただきました。なんと、毎日約200冊、年間約7万冊も新しい本がでているそうで驚きました。また、出版業界自体がネットに押され気味でだんだん厳しくなっていることも。

「それでも出版にご興味があるのなら、まず小冊子を作って売ってみてください。それで本当にみんなが欲しがる内容ならきっと本にしても売れるでしょうね」

きっと冗談交じりだったと思います。

でも私はチャンスと思い、その場ですぐに「はい、わかりました！　すぐに小冊子を作って販売しますから待っていてください！」と答えました。

この小冊子が、後の出版へとつながっていったのです。

出版後の目まぐるしい変化
～出版の世界の不思議～

念願の出版後、私の人生は大きく変わりました。

例えば、初めて名刺交換した時にも「能登さんですよね？　○○さんに紹介いただき、ご著書を読ませていただきました！」と言われることが何度もあります。また、勉強のために私が尊敬する先生や社長の講演を聞きに行くと「あ！　君が能登さんかー、本おもしろかったよ！」などと逆にお声がけいただき、感激したこともあります。

また、出版してからセミナーのご依頼をいただくことも増え、様々な場所で拙いセミナーや講演をさせていただいております。


そして著書の反応として一番驚くことは、お客様の反応です。今までと同じことをお伝えしているのですが、本当に商談もスムーズに運びます。あまりにとんとん拍子に進むので、「本当に即決で大丈夫ですか？」と心配して聞いてみたことがあります。

「はい、能登さんが嘘偽りのない人だってことは、本で読ませてもらっています。だから信用していますよ！」

著書を出すことは素晴らしいことだと、一経営者として実感する瞬間でした。

しかし、一方では、「著書に恥じない行動をとる必要がある」と、責任のある立場になったことも同時に知り、身が引き締まる思いでした。

このようなことが続くと、私の著書をご紹介いただいている方々、知り合いの方などに勧めていただいている方々、著者活動・講演活動を応援してくださる方々は、本当にありがたい存在なのだと気づかされます。

資産運用の権威　藤巻健史先生との出逢いとセミナー共演

２０１７年３月、北海道の中川浩さんとのご縁から、ＦＰＬ証券株式会社の開業記念講演会で藤巻先生の講演を拝聴した時に、憧れだった藤巻先生と出会いました。

藤巻先生は、元モルガン銀行東京支店長兼日本代表。ＪＰモルガンの会長より「伝説のディーラー」と呼ばれて、世界三大投資家ジョージ・ソロス氏のアドバイザーも務めた、まさに資産運用の権威です。

著書も「異次元緩和に「出口」なし！日銀危機に備えよ」「国も企業も個人も今はドルを買え！」（ＰＨＰビジネス新書）、『日銀破綻』（幻冬舎）をはじめ、多数出版されています。

資産運用に携わる私も当然藤巻先生のことは存じあげており、以前から著書を拝読し、その圧倒的な手法を学ばせていただいておりました。そして、講演を実際に拝聴し、明確な筋道の通ったお話に引き込まれ、資産防衛のためにドルに資産分散する必要性を強く実感しました。

そして、２０１７年11月、一般社団法人金融リテラシー研鑽協会の設立記念講演で藤巻先生が講演されると伺い、迷わず北海道まで飛びました。この時は、藤巻先生を囲んでの懇親会にも出席でき、さらに深いお話しを拝聴できました。

そして２０１８年２月、ＦＰＬ証券の中川会長のお力添えで、当社主催の講演会が実現。滋賀県の経営者仲間の皆さんにも藤巻先生の話を直接聞いていただきたいという念願が叶ったのです。

さらに藤巻先生とのご縁は続きます。２０１８年８月大阪にて、私の２作目の出版記講演会に藤巻先生をお呼びし、なんとコラボ講演会が実現したのです。

この時は藤巻先生と同じ演台に立つことから、前日は眠れないほど緊張して、何度も一人でリハーサルをしたことを覚えています。

藤巻先生にお会いし、お話を拝聴するたびに感じるのは、その視野の広さです。まず藤巻先生は、常に世界的視野で経済、お金の流れを考えられます。私たちはつい日本を中心にみがちですが、金融の流れは日本発でなく、世界発のことがほとんどなのです。

さらに、時間的な視野の広さです。資産運用で14年間連勝された藤巻先生は、いつも直近の短期的な利益、上がり下がりに流されるのでなく、長期的な視野で判断されています。これには、実践と経験をもとにした先見性も大きく関わります。私はまだまだ未熟ですが、いつか少しでも藤巻先生に近づけるように努力していきたいと思います。

最近の藤巻先生は、さらに踏み込んで日本の財政を何とか立て直したい、国も国民も救いたいという熱い情熱をもって、個人を超えたレベルの舞台でご活躍されています。

「国も企業も個人も今はドルを買って、日銀危機でのハイパーインフレ、円暴落に備えよ。ドルを買っておくことで、国も企業も個人も救われる」

以前お聞きした、藤巻先生のこのお言葉がいまでも強く印象に残っています。

そして2020年。誰もが想像しなかったコロナ禍に襲われ、日本はもとより世界中の経済が危機に瀕してしています。

日本政府は今回のコロナ禍に対して、過去最大級の補正予算を組んでいます。今年度の国債発行額は90兆円以上という途方もない発行額になりそうです。

藤巻先生は、緊急出版された新刊「コロナショック&Xデーを生き抜くお金の守り方」（PHP研究所）で「もはや楽観シナリオは消えた。すぐに最悪の事態への準備を！」と警鐘を鳴らしておられます。最悪の事態とは、日銀の債務超過による円の暴落、それに続くハイパーインフレ、円の紙くず化です。

アフターコロナ時代を生き抜くためには、どのような対策が必要なのか。本書執筆にあたっても、藤巻先生のご著書からの学びが大きな力となりました。

ここで改めてお礼を申しあげます。

※当コラムは2019年11月時点での経済環境、また私の活動履歴となります。

あとがき

本書をお読みいただき、ありがとうございました。

4作目の著作となる本書は、コロナ禍に直面しながらの執筆となりました。

「先行き不透明な今こそ、一刻も早く今後の資産形成の指針をご紹介する必要がある」との思いから、状況が大きく変化する中、時事的な内容も盛り込んで緊急出版する運びとなりました。


コロナ禍による世界経済のダメージは非常に大きく、その影響はこれから顕在化し、大型の倒産や失業も相次ぐでしょう。

しかし世界の金融市場は想定外に早く値を戻し、特に日本は東京オリンピックの延期というネガティブニュースがあったにも関わらず、株や不動産価格も値を保っています。

この不気味な小康状態は、コロナ禍という天災について、各国政府が思い切った財政投入を行い、経済を下支えした効果だと言えるでしょう。カンフル剤を打って、なんとか元気を保っている状態です。

100年前のスペイン風邪の際は、第二波でウイルスが強毒化し、10倍の致死率になったと言われています。そして世界大恐慌へとつながっていきました。油断せずに、今のうちにぜひ本書を参考に資産分散し、守りながら「殖やす」資産形成の態勢を整えていただきたいと思います。

私たちは、コロナ禍を機に、歴史的に大きな変換期を迎えています。今後も当分「ソーシャルディスタンス」を保つ必要があるでしょうが、心の距離は近く、そして絆は強くありたいものです。

もちろん、これまでのビジネスが全てひっくり返るわけではありません。コロナ禍もいつか「アフターコロナ」となる日が必ず来ます。

ただ、いまは有事です。若輩の経営者がいうのはおこがましいですが、それまで何がなんでも生き残る覚悟も必要な時ではないでしょうか。

「災い転じて福となす」の言葉通り、コロナ禍がもたらした新しい価値観、経営手法も和の心「和をもって貴しとなす」をもって融合し環境に合わせていくことで、「令和」から先の見知らぬ環境となる100年も、企業を安心して存続させることができると私は考えます。

古き「良きもの」を残すため、時代ごとの「良きもの」を少し取り入れてみることを強くお勧めさせていただきます。


最後に、このたび、4作目の著書を出版することができました。

今回もとても多くの方々からの学び、教え、支え、ご助言のおかげであり、コロナ禍のような厳しい環境の時ほど無形資産のご縁の尊さと和の心の大切さを実感しています。この場を借りて、御礼を伝えたいと思います。


はじめに、帯の推薦文をくださった経済評論家の藤巻健史先生、ご多用の中、本当にありがとうございます。今後も藤巻先生の著書、ご講演で学ばせていただきます。

いつも貴重な情報を提供いただき、ご助言くださり、本作の資産運用の執筆協力をくださった、FPL証券の中川浩会長、工藤好洋社長、本当にありがとうございます。

京都、東京を中心に「やまとしぐさ」を広められておられ、社員研修でもお世話になっている辻中公さんのおかげで、心を人、環境、地球に合わせる大切さも学ばせていただき、辻中さんには感謝しきれません。本当にありがとうございます。

前著に引き続きバリ島の兄貴（丸尾孝俊さん）もご紹介させていただきました。兄貴には資産の分散の大切さをあらためて示していただきました。必ず5度目のバリに行きます！

お子様向けのお金の勉強会で筆文字、イラストを笑顔で描いてくださった筆文字アーティストの吉川真実さん、本当にありがとうございます。

さらに、倫理法人会に導いていただいた新庄昇さん、いつも父のように応援し続けてくださる木谷昭郎さん、母のように応援してくださる森淳子さん、夢現塾の井内良三さん、永田咲雄さん、水野元也さん、いつも楽しい時間をくださる志村保秀さん、はじめ滋賀県倫理法人会の役職者の皆さん、福ふくゼミナール後継者実践塾の後藤敬一さん、大畠美香さん、毎朝自分の心と向き合う朝活メンバーの皆さん・・・この場に書ききれないのですが、本当に多くの皆さんに感謝しています。

創業当時から資産運用を任せてくださった大好きな尊敬するKさん、お金＝愛＝ありがとうの循環だと気づかせてくださりこの上なく感謝しています。突然に天国に旅立たれて寂し過ぎますが奥様の生涯の安心のために尽力します。ご冥福を心からお祈りしています。

また、4作全ての版元のごま書房新社のみなさん、特に編集部の大熊賢太郎さん、編集ライターの河西麻衣さんには今作も大変お世話になりました。

もちろん、お客様、取引先様、当社を応援してくれている地域、全国の仲間のおかげで日々の私があります。感謝でいっぱいです。

いつも笑顔で一緒に働き助けてくれる社員のみんなもありがとう！

そして、私を生んでくれた両親、いつも支え続けてくれている妻の潤子、いつも応援し続けてくれている天国の妻の両親、いつも笑顔で元気をくれる3人の子どもたち。いつも本当にありがとう。父は家族を幸せにすることをいつも一番に考えています。

いま大変な世の中ですが、知恵と力を合わせれば必ず乗り越えられると信じております。私がお役立てできることは本書の内容に関わらず、何でもご協力いたします。ぜひ、共に困難を乗り切り明るい未来を切り開きましょう。

令和2年　9月　残暑厳しい中

能登　清文

◆参考文献

『コロナショック&Xデーを生き抜くお金の守り方』（藤巻健史／著）PHP研究所
『国も企業も個人も今はドルを買え！「Xデー」に備えるマネー&キャリア防衛術』（藤巻健史／著）PHP研究所
『異次元緩和に「出口」なし！日銀危機に備えよ』（藤巻健史／著）PHP研究所
『日銀破綻』（藤巻健史／著）幻冬舎
『プレジデント2020・7・31号 アフターコロナの日本経済 半年後、1年後、5年後』（PRESIDENT編集部／編）プレジデント社
『週刊東洋経済7月18日号』（週刊東洋経済編集部／編）東洋経済新報社
『アフターコロナ 見えてきた7つのメガトレンド』（日経クロステック／編）日経BP
『図解・最新 難しいことはわかりませんが、お金の増やし方を教えてください！』（山崎元、大橋弘祐／著）文響社
『大富豪アニキの教え』（兄貴（丸尾孝俊）／著）ダイヤモンド社
『にぎやかだけど、たったひとりで 人生が変わる、大富豪の33の教え』（丸尾孝俊、吉本ばなな／著）幻冬舎
『「もう生涯安心！」の資産づくり 人生100年時代の「新・ライフプランニング」』（能登清文／著）ごま書房新社
『改訂新版「人間繁盛、商売繁昌」への7つの実践！』（能登清文／著）ごま書房新社

能登清文の活動・事業内容

本書をご購読いただき誠にありがとうございます。文中でお伝えした通り、私は個人様、経営者様、事業者様、企業様などこれまで1200人以上のライフプランニングをお手伝いさせていただいてきました。もし、本書をお読みになり生涯安心の資産運用や資産防衛にご関心を持たれた方はぜひお気軽にご相談ください。皆さまのために全力でサポートさせていただきます。また、ライフプランニングについてのセミナーや講演の講師もお引き受けしております。私は滋賀県在住ですが、北海道から九州まで講演の実績があります。こちらもぜひお声がけください！

個人様（経営者様）サポート

●トータルライフ（ファイナンシャル）プランニング
・安定利回りでの資産運用、資産防衛　・保険見直し
・相続税対策　ほか

法人サポート

●100年企業創りトータルサポート
・資産運用　・純資産増加、資産防衛
・保険診断・最適化、資金繰り改善　・役員、従業員退職金積立
・事業承継対策（自社株対策）　・従業員の保険見直し　ほか

講師活動

・資産運用　・ライフプランニング　・ファイナンシャルプランニング
・人間繁盛、商売繁昌　・リスクマネジメント（保険最適化）

能登清文へのご相談や講師依頼

※ご相談、サポートは、通常は紹介のみで対応をさせていただいています。
　お問合せ時には「資産運用本を読んだ」と必ずお伝えください。

株式会社クオリティライフ
ホームページ：**http://www.q-life.co.jp/**

・著者プロフィール

能登 清文（のと きよふみ）

1967年生まれ、滋賀県在住。株式会社クオリティライフ代表、ファイナンシャルプランナー CFP®、IFA（独立系ファイナンシャルアドバイザー）事業承継コンサルタント、100年企業クリエーター、保険代理店、金融商品仲介業経営。株式会社スリースター取締役、株式会社プランドゥ取締役、滋賀県倫理法人会 元会長（平成27～平成29年度)、和の心を愛する人生100年時代のお金の専門家。

大学卒業後、一部上場企業キーエンスの生産管理、営業サポート部門で15年活躍。その後、ファイナンシャルプランナーを目指すためにアリコジャパンへ転職、持ち前の企画力で入社1年目より、MDRT（全世界の生命保険業界のトップセールス約1%が入会できる会員組織）入会を達成。その後、滋賀県にて独立起業し企業や経営者向けに「豊かな心、豊かな人生を創るための生涯のパートナーを目指し、生涯の安心を提供し続ける」を理念に事業承継や保険、資産運用のサポートをおこなっている。本業の傍ら、滋賀県倫理法人会の元会長職を務めるなど、多方面でその手腕を発揮している。また、その効果と斬新な内容が話題を呼び、講演依頼や全国の経営者からの相談も増え続けている。

著書に『「もう生涯安心！」の資産づくり人生100年時代の「新・ライフプランニング」』『人間繁盛、商売繁昌への7つの実践！』（共にごま書房新社）ほか累計4作。

・株式会社クオリティライフ　http://www.q-life.co.jp
※能登清文へのご相談や講師依頼もこちら
・能登清文Youtubeチャンネル【お金の学校】のとチャン
https://www.youtube.com/channel/UCOzdpPsWOOAS0CSx7HtwlgA

【お金の学校】

のとチャン

コロナ禍の経営者を守る
"殖やす"資産運用のはじめ方

著　者　能登 清文
発行者　池田 雅行
発行所　株式会社 ごま書房新社
〒101-0031
東京都千代田区東神田1-5-5
マルキビル7F
TEL 03-3865-8641（代）
FAX 03-3865-8643
カバーデザイン　堀川 もと恵（@magimo創作所）
編集協力　河西 麻衣
印刷・製本　東港出版印刷株式会社

ISBN978-4-341-08771-5 C0034

ごま書房新社の本

〜「老後資金2000万円時代」を豊かに生きる資産構築術〜

「もう生涯安心!」の資産づくり 人生100年時代の「新・ライフプランニング」

株式会社クオリティライフ代表
ファイナンシャルプランナー CFP®　**能登 清文** 著

能登清文3作目のヒット本！
お金持ち経営者になるためのバイブル

【老後の資金2000万円時代! 専門家がその秘策を伝授!】

あの「バリ大富豪の兄貴」も絶賛!
〜我らが真の友人 能登清文!!待望のライフプランニング術に全国から壮絶な期待が寄せられる!! 〜

不要な保険や支出は見直しする。無理のない利回りの資産運用をスタートする。老後も貯まったお金の範囲で資産運用を続ける。
本書の内容を実践して、この通りに行動をおこなえれば、生涯安心どころか、悠々自適に夢や目標を叶えられるお金が貯まっていくはずです。

本体1500円＋税　四六判　212頁　ISBN978-4-341-08742-5　C0034